“互联网+”时代财务会计的实践与创新研究

邢菁　著

中国商业出版社

图书在版编目（CIP）数据

“互联网 +”时代财务会计的实践与创新研究 / 邢菁著 . -- 北京 : 中国商业出版社 , 2021.10
ISBN 978-7-5208-1847-6

Ⅰ . ①互… Ⅱ . ①邢… Ⅲ . ①企业管理 – 财务会计 – 研究 Ⅳ . ① F275.2

中国版本图书馆 CIP 数据核字 (2021) 第 214379 号

责任编辑：王　静

中国商业出版社出版发行
010–63180647　www.c–cbook.com
（100053　北京广安门内报国寺 1 号）
新华书店经销
定州启航印刷有限公司印刷
*
710 毫米 ×1000 毫米　16 开　13 印张　230 千字
2021 年 10 月第 1 版　2021 年 10 月第 1 次印刷
定价：79.00 元
* * * *
（如有印装质量问题可更换）

前　言

目前，网络在人们生活中占有重要的地位，互联网技术已经融入社会经济生活的各个方面。比如，一些便民打车的智能手机应用软件，让人们可以随时随地打车，极大地缩短了日常的打车时间，减少了打车费用，为大家的出行带来了实质性的改变；淘宝、京东等购物网站也利用互联网的共享性、实时性等特点为大众新增了购物渠道，并且通过价格低、送货上门等优势吸引了大批客户；抖音、快手等新的视频带货模式同样是在互联网的影响下发展起来的，大大促进了社会的经济发展。在互联网贯通的背景下，“互联网 +”概念被提出，并随着社会的发展而为人们所熟知。为顺应社会发展趋势，我国企业必须紧跟时代潮流，才能不被这个时代淘汰。财务会计作为企业的重要部门，也要随着“互联网 +”时代的到来而寻求转型发展与创新。

本书主要介绍了互联网与财务会计、“互联网 +”时代财务会计信息的处理、“互联网 +”时代财务会计信息系统的安全防范、“互联网 +”时代财务会计报告的模式与创新、“互联网 +”时代电子商务对财务会计发展的影响、“互联网 +”时代带给财务会计面临的挑战、“互联网 +”时代财务会计的审计对策研究以及“互联网 +”时代财务会计的创新研究。财务会计采用计算机、网络技术等新型信息处理工具置换了传统的纸张、笔墨和算盘，这种置换不是简单的工具改变，也不是传统会计的简单模拟，而是对传统会计理念与方法、财务会计审计对策的创新，有利于“互联网 +”时代财务会计的实践与转型发展。

由于笔者水平有限，书中难免存在不足之处，恳请广大读者、专家、学者批评指正。

前言

[illegible]

目　录

第一章　互联网与财务会计

第一节　“互联网 +”概述

要了解“互联网 +”，先要了解什么是互联网。互联网（Internet）又称国际网络、因特网，是网络与网络之间连接而成的庞大网络，这些网络以一组通用的协议相连，形成逻辑上的巨大国际网络。互联网起源于阿帕网（ARPAnet），是 1969 年美国国防部为军事目的而建立的简单网络。之所以称其“简单”，是因为最开始时阿帕网只连接了 4 台主机。1972 年，阿帕网被公开展示时，由于学术研究机构及政府机构的加入，这个原本只有 4 个节点的“网络之父”系统已经连接了 50 所大学和研究机构的主机。之后，越来越多的节点被并入网络。1986 年，美国国家科学基金会（NSF）资助建立了 NSFnet 网络。1988 年，NSFnet 代替阿帕网成为互联网的主干网。1989 年，阿帕网解散，互联网从军用转向民用。1994 年，美国的商业机构全面接管互联网，使其从单纯的科研网络摇身一变为一个世界性的商业网络。若从技术的角度定义互联网，其是指全球性的信息系统：①通过全球性的唯一地址逻辑地连接在一起，这个地址是建立在“互联网协议”（IP）或今后其他协议基础之上的；②可以通过“传输控制协议”和“互联网协议”（TCP/IP），或者今后其他接替的协议，或与“互联网协议”（IP）兼容的协议进行通信；③可对公或向个人用户提供建立在通信及相关的基础设施之上的高质量服务。时至今日，互联网已渗透到人们生活中的各个方面，人们的工作、学习、购物、通信等日常活动已离不开它。

普适计算之父马克·韦泽说：“最高深的技术是那些令人无法察觉的技术，这些技术不停地把它们编织进日常生活，直到你无从发现为止。”互联网正是这样的技术，它正潜移默化地影响着我们的生活，改变了传统的信息“传播”模式，重构了更加先进的“生产关系”，与我们的环境融为一体。

一、“互联网 +”的内涵

（一）“互联网 +”的提出

2011 年，百度 CEO 李彦宏在题为“中国互联网创业的三个新机会”的演讲中说道：“早晨我跟优卡网的 CEO 聊天，他把很多时尚杂志的内容集成到网站上，我就问他说，为什么这些时尚杂志不自己做一个网站而让你们去做呢？更主要的是他们没有互联网的思维，这不是一个个案，这是在任何传统领域都存在的一个现象或者一个规律。”李彦宏所说的互联网思维总结起来大概包括以下几点。

（1）根据用户的需求去做产品，也就是产品生产区域定制化。

（2）顺应变化，不断通过市场的变化和用户的反馈，来调整自己的产品。

（3）免费和增值服务，如吃牛腩送定制筷子。

（4）重视用户体验，这一点很关键。

互联网思维的广泛应用，促进了其与各个行业的深度融合，这种深层、广泛的融合产生了一个全新的概念——“互联网 +”。最早使用“互联网 +”这个词的人是当代生态思想家张荣寰，其自 2007 年提出全生态世界观、全生态文明、全息方法论以来，不断以全新的思想和认知，提出世界伦理学、中华民族生态文明发展模式、国际就业工程战略、大数据在线模式、极平台、云产业、全数据等超前思想发展观。2007 年 4 月，张荣寰在生态文明论中提出生态文明理论和新型城镇化，继而提出互联网思维并给出推动中国发展的三个引擎模式：全然生态文明发展模式，即“世界 + 全然思想 + 生态系统”；国家生态文明发展模式，即“国家 + 互联网 + 生态系统”；商业生态文明发展模式，即“依托市场 + 互联网 + 生态系统”。

2013 年，“互联网 +”的概念开始为大众所认知。这一年，余额宝的出现带动了互联网金融的崛起，并迅速火起来，互联网大佬争分夺秒地抢占互联网金融市场。这把互联网金融的大火也点燃了保险行业，2013 年 11 月，马明哲、马化腾和马云共同创立了众安保险，被称为“三马”合璧，这次合作也是保险业在“互联网 + 金融”实践中的“破冰”之举。开业仪式上，马化腾发言：“互联网加一个传统行业，意味着什么呢？其实是代表了一种能力，或者是一种外在资源和环境，是对这个行业的一种提升。”在 2013 年底的腾讯 WE 大会上，马化腾再次系统地阐述了自己对互联网与传统产业关系的看法：“‘+’是什么？传统行业的各行各业。”马化腾多次表示，越来越多的传统企业已经不敢轻视互联网，“互联网将成为第三次工业革命的一部分，就像带来第二次工业革命的电力一样，与各行各业之间并不是替代关系，而是提升关系”。

（二）“互联网 +”的含义

所谓“互联网 +”，是指以互联网为主的一整套信息技术（包括移动互联网、云计算、大数据技术等）在经济、社会生活各部门的扩散、应用过程。简言之，“互联网 +”是以互联网平台为基础，利用信息通信技术与各行业的跨界融合，推动产业转型升级，并不断创造出新产品、新业务与新模式，构建连接一切的新生态。互联网作为一种通用目的技术，和 100 年前的电力技术、200 年前的蒸汽机技术一样，将对人类经济社会产生巨大、深远而广泛的影响。从“互联网 +”的概念中可以提炼出它的四个基本要素：一是技术基础，即构建在现代信息通信上的互联网平台；二是实现路径，即互联网平台与传统产业的各种跨界融合；三是表现形式，即各种跨界融合的结果呈现为产品、业务、模式的不断迭代出新；四是“互联网 +”的最终形态，即一个由产品、业务、模式构成的，动态的、自我进化的、连接一切的新生态。这四个要素形成一个自然的递进关系：在技术基础之上，依循跨界融合的实现路径，融入互联网基因的新产品、业务、模式不断演进，最终达到“互联网 +”在微观上连接一切、在中观上产业变革、在宏观上经济转型的动态平衡。

马化腾认为，“互联网 +”是一个趋势，“+”指的是各种传统行业。当互联网加上媒体后，产生了网络媒体。较早开始宣传“互联网 +”概念的易观国际集团董事长兼 CEO 于扬认为，未来“互联网 +”应该是我们目前所在行业的产品和服务在与未来多屏全网跨平台用户场景结合之后产生的一种化学公式。例如，传统的广告加上互联网成就了百度，传统的集市加上互联网成就了淘宝，传统的百货卖场加上互联网成就了天猫，传统的银行加上互联网成就了支付宝，传统的安保服务加上互联网成就了 360，传统的红娘加上互联网成就了世纪佳缘，等等。

从中我们可以发现，传统行业架构中无论是主干还是末支领域，每一处都有着巨大的市场力量，而互联网更多的是一种经营工具和渠道。在"互联网 +"时代，互联网能够得到每个行业的信息，并且能将众多行业的信息汇总到一处，实现整个市场的宏观观察。另外，互联网打破了市场交易环节中的信息不对称，能通过已有信息和智能算法为客户创造更加舒心的体验，这样的新变化为市场带来了新的机遇和挑战。我们不妨从"互联网 +"的字面意义来解读它。"互联网 +"中的"互联网"包括目前的 PC 端和移动端，其中又有各种技术方法和工具；"+"号是相加运算符号，它连接了左侧的"互联网"和右侧使用互联网的具体主体。这里的主体既可以是使用互联网的个人、企业，又可以是某个具体的产业、某个具体城市或者整个国家，总之就是互联网所服务的对象。在市场中，其指的就是众多的个人和企业或者整个产业。

要理解"互联网 +"的定义，必须明确两个前提，并从两方面解进行读。

两个前提：

其一，"互联网 +"是以最浅显易懂的方式来描述互联网环境下的商业模式的。"互联网"是泛指，所"+"的也有多种形态。比如，淘宝是"互联网 + 集市"，天猫是"互联网 + 百货商场"，早期的腾讯和京东则可以认为是"互联网 + 游戏厅"和"互联网 + 电脑城"。这样能清晰地帮助企业明确自己的战略路径，也能让消费者直观地了解企业的定位。

其二，"互联网 +"最关键的不在于互联网工具，而在于应用互联网的主体。可以说，两者是螺旋式上升的关系，互联网会加快生产领域和社会关系变化的进程，这种变化又会推动互联网在技术上的进一步创新，同时在思维模式上进行更深层次的改造和升华。

两方面解读：

其一，深刻认识重要性。"互联网 +"具有超乎寻常的价值，企业发掘本行业的互联网特质，将互联网引入产业中，使互联网成为推动企业发展的快车道，这是互联网时代各个企业都应重视的内容。

其二，需要具备快速行动力。有些企业没有意识到互联网对自己行业产生的影响，没有把握住其所带来的机遇和挑战。事实上，企业应该用发展的眼光看待问题，并且根据自己的实际情况做出行动，这样才不会被时代抛弃，甚至会站在时代前沿，实现企业的发展和壮大。

二、“互联网+”的发展历程

“互联网+”的前提是互联网作为一种基础设施的广泛应用。英国演化经济学家卡萝塔·佩蕾丝认为，每一次大的技术革命都形成了与其相适应的技术与经济范式。

互联网对人类经济社会的影响过程可以分为两个阶段：第一阶段是新兴产业的兴起和新基础设施的广泛应用；第二阶段是各行各业应用的蓬勃发展和收获。每个阶段各持续20～30年。互联网技术出现后，通信网络的进步，移动互联网、智能手机、智能芯片在企业、组织和人群中的广泛使用，为下一阶段的“互联网+”奠定了坚实的基础。互联网技术发展至今，大致可以分成三个阶段，分别是Web1.0、Web2.0以及Web3.0阶段，且每个阶段都有其代表性的互联网产物与相应的技术特色。

（一）Web1.0——门户网站的时代

20世纪90年代至21世纪初被称为“第一代互联网时代”，也称“Web1.0时代”，其主要代表是门户网站。20世纪90年代，我国新浪、搜狐、网易三大门户网站的出现是Web1.0在中国发展普及、进入公众视野的标志。Web1.0时代的网站基本上仅是信息的展示，属于单向的信息流动，互联网上的信息绝大多数是由少数信息发布者发布的，信息的接收者未能真正参与其中，网站的交互性不强。第一代互联网吸收了20世纪90年代美国互联网产业的“免费思想”，即通过提供免费服务吸引用户，增加网站访问流量。以流量为核心的第一代互联网时代商业模式相对简单，主要由ICP、渠道、广告、用户组成参与方，供需均在线上完成。

（二）Web2.0——搜索与社交的时代

2002—2009年，由于搜索技术与社交平台技术的快速发展，互联网进入Web2.0时代。Web2.0时代又称“第二代互联网时代”，同时是搜索与社交的时代。与 Web1.0 时代相比，其最典型的特征是 UGC（用户生成内容）的出现，实现了人与人之间在线的双向互动。从互联网作为产业的本质上看，Web2.0 使互联网产业链从单纯的完全线上进行发展到了线下，并涉及了更多参与方，如电子商务网站的产业链不断向下游物流仓储延伸（如京东商城）。同时，互联网参与人群急剧增多，创业的门槛大大降低，使“全民创业”成为可能（如淘宝网）。Web2.0 时期的互联网商业模式不再是简单的流量变现，而是渗透到各个行业中，从而创造出新的商业模式，促成了商业模式的多样化发展。在智能手机出现前，第二代互联网网站信息技术主要用于动态网站的编程技术，如 JSP、.NET 等。这一系列技术主要运用于新闻门户网站、BBS 论坛、电子信箱、电脑即时通信工具等。由于终端技术仍未能多样化发展，客户端的数量局限性导致网民数量未能形成更大规模的增长。

（三）Web3.0——大互联时代

自 2009 年起，智能移动设备开始普及，以智能移动设备为代表的移动互联网快速发展，相关的运营平台与先进技术随之产生，互联网的发展进入 Web3.0 时代。Web3.0 时代是第三代互联网时代，又称“大互联时代”。此时发展的新一代信息技术主要代表是云计算、大数据，以及由于智能设备出现与普及而兴起的移动互联技术。智能手机的出现使终端技术得以多样化发展，大部分的计算机软件都有其移动终端版本。同时，得益于无线网络的普及，移动智能设备只要在无线网络的覆盖范围之内，就能随时接入互联网。云计算技术的运用使虚拟存储技术成为可能，个人知识库的存储量呈几何级数增长，市场空间是第二代互联网空间的几十倍。如果说第二代互联网是在线上直接创造商业价值，第三代互联网就是线上线下的融合，其面对的是一个正在深入的万亿级市场。目前，发达国家正在积极应对新一轮经济变革所带来的挑战，纷纷鼓励信息技术变革和应用模式创新，美国的《先进制造业伙伴计划》《网络空间国际战略》、英国的《信息经济战略 2013》等一系列行动计划和战略的提出与实施都旨在充分发挥信息技术领域的领先优势，加强在新兴科技领域的前瞻布局，以抢占制高点，强化新优势。未来，新一轮科技革命与产业变革的影响将持续深入，跨界融合渗透将成为常态，新产业、新业态、新技术和新模式将层出不穷。

三、“互联网 +”的特征

为了打破信息不对称、降低交易成本、促进分工深化和提升劳动生产率，“互联网 +”为各行各业进行转型升级提供了重要的平台和机遇。典型的“互联网 +”思维有生态思维、平台思维、免费思维、跨界思维等。正是这些内涵丰富的互联网思维构成了种类繁多的互联网商业模式。整体来看，“互联网 +”有六大核心特征。

（一）跨界融合

“互联网 +”的“+”就是在互联网、移动互联网、云计算、大数据的基础上，不同单位、不同产业、不同行业、不同领域之间的相互渗透与融合。跨界融合驱动传统组织打破自己的固有组织边界和系统架构，融入最新的发展理念和科学技术，获得新动力，推动新发展。

（二）优化重构

“互联网 +”的过程是业态优化和重组的过程，在跨界集成、开放连接的新态势下，企业获得了前所未有的升级和革新机遇，原有的社会结构、经济结构、关系结构、人文结构将被重构，使之更利于企业、社会和经济的协调和可持续发展。

（三）协同创新

创新发展是国家新时代的发展战略。不同单位、不同产业、不同行业、不同领域之间应该携起手来，协同创新。

（四）互联互通

通过互联互通、集成应用消除由于行业内外的体制、政策、专有技术、占有资源等因素而形成的各类“烟囱”和“孤岛”，实现社会各类资源的整合与共享。知识资源共享是“互联网 +”时代的发展目标之一。

（五）开放共治

开放是“互联网 +”的固有特征，通过打破行业垄断、市场分割造成的壁垒，实现行业内外的全要素开放，充分发挥市场配置资源的决定性作用，培育壮大新业态。开放生态为创新和创业提供了最佳的环境和空间，以促进企业内外生态的良性发展和优势融合。

（六）连接一切

连接是“互联网 +”的基础，互联网连接人与人、人与物、人与信息，跨界需要连接，融合需要连接，创新需要连接。连接是一种联系方式，是一种存在形态，没有连接就没有“互联网 +”。连接的基本要素包括参与者（人、物、机构、平台、行业、系统等）、技术（互联网技术、物联网技术、云计算技术、大数据技术）、协议与交换、诚信与信任等。在“互联网 +”时代，ID 是人们在互联网中唯一的身份标识号，通过 ID 接入网络便可获得服务。

四、我国互联网的发展概况

近年来，互联网在我国发展十分迅猛。国家工业和信息化部发布的数据显示，早在 2015 年 1—3 月，国内三家基础电信企业（中国移动、中国电信、中国联通）互联网宽带接入用户净增 137.2 万户，总数达到 2.04 亿户；我国移动电话用户总数达到 12.9 亿户，普及率达 94.6 部 / 百人；移动互联网用户总数净增超过 2 400 万户，总数规模近 9 亿户；使用手机上网的用户数再创历史新高，总数达到 8.58 亿户，对移动电话用户的渗透率达 66.3%，比上年同期提升 1%。从这些数据可以看出，互联网已经覆盖了我国大部分人口。互联网的迅猛发展给各行各业带来了良好的发展机遇，提供了更广阔的发展空间，尤其是移动互联网的爆炸式发展使互联网几乎渗透到我们生活的方方面面。

经过多年的发展，互联网的内涵和应用不断拓展，如今已形成一套庞大的互联网体系，包括互联网的基本理念、由互联网衍生出的各种新的商业模式等。互联网的基本理念是开放、便捷、分享、免费。而互联网模式一般是通过免费提供大量优质服务，形成良好的用户黏性和一定数量的用户规模，再利用广告或者其他增值服务来获取报酬，实现盈利。从本质上看，互联网模式是一种以“人”为中心的商业模式，其充分考虑用户需求，从产品到营销都围绕用户展开，基本原则一直是“用户至上，体验为王”。时至今日，互联网已经彻底改变了人们的生活方式，并持续地在生活和工作中为人们提供前所未有的便利。

五、“互联网 +”未来的发展趋势

“互联网 +”遇上移动互联网，其主要发展方向仍然是对传统行业进行模式改进和管理模式改变，旨在达到产业平衡和资源平衡。其内涵可分为以下几点：首先，价格不再是左右人们购买的主要因素；其次，买家与卖家之间的信息不对称问题已经得到解决；最后，不再仅以技术为推动力促进新的变革。那么，在“互联网 +”下，相关产业前进的方向在哪里呢?

（一）连接与聚合成为“互联网 +”时代的主旋律

互联网的本质是连接，其价值也在于连接，从互联网的发展看，连接是其商业化的主要工具与载体，而通过连接产生的强大聚合能力是其手段与目的。门户、电商、搜索、社交无不体现着互联网的连接，电商、社交及搜索的商业化运用则体现了连接背后的聚合能力。从消费互联网到移动互联网，互联网的连接能力越来越强，时空维度不断拓展，这种拓展促进了互联网云计算及大数据的应用，开辟了物联网的新领地。未来的连接仍在继续，连接一切将成为互联网的主旋律。从商业价值角度分析，连接本身即可产生经济效益，拆除了传统产业的篱笆与壁垒，促进了融合与协作，打破了信息的不对称。同时，通过连接产生的大数据将成为重要的资产。

（二）产业互联网化、金融化成为大趋势

在移动互联网强大的连接能力下，任何产业都能够和互联网产生关联。基于多种终端的产业互联网能够延伸到各个经济领域。移动互联网覆盖了整个经济环境，并为其中的市场提供了发展机遇，在资源均衡、竞争平等的产业互联网时代，提供个性化服务的重度垂直模式将具有商业机会，行业垂直、地域垂直及人群垂直都可以在各自领域地获得生存与发展的机会。由此可见，产业互联网时代就是一切产业皆互联网的时代。在产业互联网中，线

下不仅需要有完善的物流体系，还需要能够保障交易顺利进行的金融资金方面的支撑。金融服务支持包括网络支付、互联网金融服务等。离开了金融，产业互联网就如同缺少了强大的物流体系支持一样难以发展。因此，一切产业皆金融的时代已经来临。

（三）个性化、定制化需求时代来临

消费互联网已激发了用户的各项消费需求，消费经济已从短缺步入过剩时代，价格战与补贴或免费不断上演。随着过剩或过度消费时代的到来，生产标准化产品的时代即将终结，在满足了基本的需求之后，人类的需求将逐渐向个性化方向发展。定制化正是个性化的实现手段。定制化本身需要用户参与，以用户体验为中心，为用户提供符合价值需求的产品。从以企业为中心的标准化生产时代到以用户为中心的产业互联网时代，互联网逐渐向尊重人性的方向发展，实现了人性的回归。综观成功的互联网企业与科技公司，无不以洞悉人性为发展理念。在这方面，苹果是典型的代表，小米则将用户参与发挥到极致。

（四）O2O 将成为服务互联网的主要模式

产业互联网可以对产业链的研发和生产过程进行重塑，这就催生了大量的商机。在交易过程中，产业互联网的交易模式由线下转移到了线上甚至线上线下一体化，代表模式有 B2B 和 O2O。电子商务平台的兴起削弱了长期困扰市场的信息不对称等问题，降低了交易双方大量的时间与经济成本。在这个过程中，壁垒较高的行业可以通过建立垂直电子商务平台实现市场的细分。

在“互联网 +”或产业互联网时代，无论是服务互联网或原来建立在 PC 之上的消费互联网，还是“互联网 +”传统行业，一个不容置疑的发展趋势是线上与线下的高度融合。另外，O2O 也将成为主要的发展趋势。离开了线下实体和传统产业，互联网将会与金融一样出现空壳化、虚拟化，犹如空中楼阁和海市蜃楼，即便是消费互联网时代的电商，也将逐步向 O2O 方向发展，新建立的本地化生活服务类 O2O 的电商化极其明显。因此，从某种程度上说，O2O 将成为新型电商。

（五）智慧工业时代

随着社会的发展，人们的个性化需求越来越多，尤其是在互联网技术的支撑下，这种需求将成为现实。

以“互联网 +”为核心的产业互联网不但是在继续改造和提升作为第三产业的互联网，而且已经向工业领域延伸。“互联网 +”硬件的软硬一体化将造就新的工业体系，人工智能、智能机器人、无人飞机、无人汽车、车联网、物联网、大数据、云计算、可穿戴设备等将成为产业互联网的重要领域，互联网已经不再局限于消费领域，其对工业化改造的作用也越发凸显。纵观世界，在产业互联网来临之际，中国已经走在了世界前列。在工业化时代处于落后地位的中国已经在新经济的浪潮中与欧美等发达国家站在了同一个起跑线上，而且在互联网经济中抢占了先机。

对于产业互联网，在中国还处于消费互联网时代时，传统的工业强国——德国就已经提出了工业 4.0 的行动计划。在“互联网 +”战略的指引下，我国开始推动从“中国制造”走向“中国智造”。这个规划被业内称为“中国版工业 4.0”。

面对产业互联网的浪潮，中国不能错过升级换代的机会。从工业体系完整度的层面来说，中国是世界上唯一拥有联合国产业分类中全部工业门类的国家。在“互联网 +”时代下，中国如果能够顺应潮流，充分利用“互联网 +”，将会产生更加巨大的发展能量。数量庞大的传统产业、互联网用户及巨大的市场需求，这些都是中国产业互联网发展的基础。

第二节　“互联网 +”时代财务会计的基本前提

财务会计的基本前提是保证会计信息有效性必不可少的条件，也称财务会计的基本假设。它是指组织和开展财务会计工作必须具备的前提条件，或者说是必须明确和解决的基本问题。如果不具备这些条件，不明确和解决这些基本问题，就不能有效地开展财务会计工作。

一、“互联网 +”时代财务会计的基本前提

财务会计的基本前提主要有以下几点。

（一）会计主体

会计主体指的是使用会计的具体单位。要进行会计工作，先要明确解决为谁记账、算账、报账的问题。

从理论上说，会计主体的规模并无统一的标准，可大可小。它可以是一个独立核算的经济实体、一个独立的法律个体，也可以是不进行独立核算的内部单位、班组，或者一个非法律个体。但是，从财务会计的角度看，会计主体应是一个独立核算的经济实体，特别是需要单独反映经营成果与财务状况、编制独立的财务会计报告的实体。

（二）持续经营

企业会计确认、计量和报告应当以持续经营为前提。持续经营是指作为会计主体的企业，其经营活动将按照既定的目标持续下去，在可以预见的将来，不会面临破产和清算。这是绝大多数企业所处的正常状况，这样的会计主体，其所有资产将按照预定的目标在正常的经营过程中被耗用或出售，它所承担的债务也将如期偿还。对于处在持续经营状态的企业而言，其会计确认、计量、记录和报告等工作都要建立在非清算基础之上，并着眼于企业的可持续发展。财务会计的一系列方法都是以会计主体持续经营为前提的。例如，只有在持续经营的前提下，企业的资产才能按历史成本计价，固定资产才可以按其使用年限计提折旧。对于处在非持续经营状态的企业，要建立在清算的基础上，进行清算资产和清算损益的核算。如果企业不具备持续经营的前提条件，而是已经或即将停止营业、进行清算，则需要处理其全部资产，清理其全部债权债务。在这种情况下，会计处理的采用要建立在清算的基础上。

（三）会计期间

对于持续经营的企业来说，既然在可以预见的将来不会面临停业清算，

企业就不能等到结束其经营活动时才去进行结算和编制财务会计报告。为了向相关部门定期反映企业的财务状况和经营成果，企业需要清楚划分会计期间，即人为地把持续不断的企业生产经营活动划分为较短的经营期间。会计期间通常为一年，称为会计年度。从理论上讲，将会计年度的起讫点定在企业经营活动的淡季（如果有的话）比较适宜，因为在企业经营活动的淡季，各项会计要素的变化较小，便于对会计要素进行计量，特别是便于计算本会计年度的盈亏，而且由于淡季的经济业务较少，会计人员有较为充裕的时间办理年度结算业务，便于及时编制财务会计报告。西方国家许多企业的会计年度结算日就处于营业活动的淡季。然而，将会计年度的起讫日定在营业活动的淡季也有其局限性，主要表现为淡季资产负债表所反映的年末财务状况往往缺乏代表性，如年末所反映的短期偿债能力有可能比年中其他时间的结果要好。

我国的会计期间一般分为年度和中期。其中，中期是指短于一个完整的会计年度的报告期间，如季度和月份。

（四）货币计量

企业会计应当以货币计量。货币计量是指会计主体在会计核算过程中采用货币作为计量单位，计量、记录和报告会计主体的生产经营活动。

记账本位币是指企业经营所处的主要经济环境中的货币。在货币计量的前提下，企业会计应当以货币计量。在我国，企业会计通常以人民币为记账本位币。业务收支以人民币以外的货币为主的企业可以选定其中一种货币作为记账本位币，但是编制财务会计报告时应当折算为人民币。在境外设立的中国企业向国内报送的财务会计报告也应当折算为人民币。

1. 企业在选定记账本位币时应当考虑的因素

（1）该货币主要影响商品和劳务的销售价格，通常以该货币进行商品和劳务的计价和结算。

（2）该货币主要影响商品和劳务所需人工、材料和其他费用，通常以该货币进行上述费用的计价和结算。

（3）该货币是融资活动获得的货币以及保存从经营活动中收取款项所使用的货币。

2. 企业在选定境外经营的记账本位币时应当考虑的因素

（1）境外经营对其所从事的活动是否拥有很强的自主性。

（2）境外经营活动与企业的交易是否在境外经营活动中占有较大比重。

（3）境外经营活动产生的现金流量是否直接影响企业的现金流量、是否可以随时汇回。

（4）境外经营活动产生的现金流量是否足以偿还其现有债务和可预期的债务。

二、"互联网 +"时代对会计基本前提的影响

财务会计的基本前提包括会计主体、持续经营等。传统的会计理论建立在一系列假设的基础上，当互联网走进人们的生活后，传统会计的基本前提也受到了一定的影响。具体来看，"互联网 +"时代对会计基本前提的影响如下。

（一）"互联网 +"时代对会计主体的影响

互联网时代，会计主体发生了变化，很多网络公司都是临时的结盟体，没有固定的形态，也没有固定的经营场所，可能几台电脑、几个工作人员就可以开展日常业务。传统的会计主体要到工商部门进行注册登记后才能合法经营，会计主体不再存在也要去工商部门进行注销。有时，网络公司为了完成一个共同的任务，会在短时间内结合成一体，而当特定的任务完成后便立即解散，对于此类在未来可预见的时间内解散的公司，其持续经营的基本前提即会计主体被破坏掉了。

（二）"互联网 +"时代对持续经营的影响

持续经营是指假定企业在可预见的未来持续生产经营下去，不会破产或清算。有了持续经营假设，进行资产的计价和收入配比、费用分配就有了依据。在传统会计中，企业在不能持续经营的条件下适用清算会计。而在互联网环境中，虚拟公司可能会随时终止经营，持续经营假设就不存在了。在这种情况下，是适用清算会计还是使用新的理论体系是亟待研究的问题。

（三）"互联网 +"时代对会计分期的影响

在互联网环境中，网络虚拟公司的一笔业务可能很快完成，也可能网页

交易结束后虚拟公司就解散了。若是这种在很短的时间内就消失的虚拟公司，仍要人为地划分会计分期似乎没有多大的意义。另外，在互联网环境中，企业的会计信息可以随时进行统计和生成相应报表，这对进行会计分期并不十分必要。

（四）“互联网 +”时代对货币计量的影响

传统会计中，我国以人民币作为计量本位币，以外币为主要业务往来的可以先采用外币作为计量本位币，但编制报表时仍要折算成人民币。互联网突破了时间和空间的限制，使不同货币之间的交易变得非常容易和频繁，同时各国货币的汇率处在不断变化之中，这时如果还以人民币作为计量本位币，就会使会计信息收集变得十分困难。所以，在互联网环境中，很可能出现一种公认的电子货币作为计量单位，以准确地反映企业的经营情况。

第三节　“互联网 +”时代财务会计的基本理论

一、“互联网 +”时代财务会计的基本概念

所谓“互联网财务”是在互联网的大背景下，利用互联网的技术、安全和优势，在云计算的作用下，针对逐渐扩大的电子商务，形成新的财务管理模式、财务工作方式及各项功能，从而帮助企业实现管理的数字化和信息化。

二、“互联网 +”时代财务会计的特征

互联网财务会计相对于传统会计主要有开放性、实时性、同步性等特征。

（一）开放性

要想实现财务的网络化管理，先要把企业的财务信息放在互联网上，这样可以帮助财务的管理者利用网络加大对企业财务的实时监管，从而实现远程实时监控、远程报表、远程报账、远程查账、远程审计等。政府部门也可以通过在线监管明确企业的财务缴税情况，防止偷税、漏税的发生。

（二）实时性

互联网技术的应用使互联网财务环境下的一切活动均可以在线管理、在线处理，使会计核算从静态的事后核算转变为动态的事前或事中核算，并能实时产生各种反映企业经营和资金状况的动态财务报表，极大地丰富了会计信息的内容并提高了会计信息的价值。

（三）同步性

经营业务与财务同步是网络财务最大的特征。互联网财务最大限度地缩短了交易双方的物理距离，可实时进行一切远程交易结算、监控。这有利于企业实时了解市场变化趋势、物价动态以及供求状况等。

三、"互联网+"时代财务会计的功能

首先，在"互联网+"时代，财务会计的空间得到了拓展，会计数据的载体由纸张变为磁介质或光介质载体，并发展到网页形式。所有的实际距离变成鼠标距离，财务管理能力能够延伸到全球任何一个节点，财会信息的传输不再受空间的限制，远程报表、远程报账、远程查账、远程审计等多种远程处理功能得以顺利实现。这种空间的拓展使财务管理从分散走向集中，从企业内部走向企业外部。

其次，在"互联网+"时代，财务会计的管理效率得到了提高。基于网络资源高度共享特性的互联网在打破了物理距离限制的同时，也打破了时间的限制，使企业财务变得即时和迅速。网络财务下，会计数据处理由算盘、草纸变为高速运算的计算机，并且可进行远程计算；消除了财务、业务活动运作上的时间差，实现了财务与业务的协同化；财务信息的实时生成实现了财务管理由静态向动态管理的跨越，真正做到了实时处理，强化了事中管理、事前预算的功能。以下对"互联网+"时代财务会计的各项功能进行逐一论述。

（一）财务与业务协同

协同不是同步，而是指物流、资金流、信息流的充分结合。它可以有时间和空间上的差距，但这差距必须是企业经营决策所允许的，即不会对企业

的经营决策造成影响。企业上网、网络银行的出现、网上服务的完善等为协同业务提供了有利的条件，协同业务又促进了网络财务的进一步发展。具体来看，协同业务主要体现在以下三个方面。

（1）与内部业务的协同，如网上采购、网上销售、网上考勤、工资核算、决策预算等。在这个业务流程中，产生的信息需要和资金流管理相协调，一旦产生财务信息，就要送入财务系统进行加工、存贮和处理，财务系统同样要及时将产生的有关数据送给业务部门，从而保证财务与业务协同进行。

（2）与供应链的协同，如网上询价、网上催账等。

（3）与社会部门的协同，如网上银行、网上保险、网上审计、网上报税等。协同业务在本质上极大地延展了财务管理的能力和质量，使财务管理达到原来不可企及的水平。

（二）远程处理

在互联网之前，对异地机构的财务管理通常采用邮件、传真、电话等形式，受传统方式空间的限制，其技术难度和管理成本都是高昂的。基于“互联网 +”时代的财务管理系统突破了这一空间局限性，使管理能力能够延伸到全球经济的每一个节点，众多的远程处理功能得以轻易实现，如远程报表、远程报账、远程查账、远程审计等。这有效强化了主管单位对下属机构的财务监控，对集团型等多分支机构的企事业单位而言，具有重大的现实意义。

（三）网络计算

网络计算是“互联网 +”时代财务会计的基本功能和核心动力，是“互联网 +”时代财务会计软件借以实现各项功能的技术基础。企业通过互联网可实现资源共享，汇集世界各地的海量数据只需瞬时，并可由计算机生成所需的计算结果。例如，国际连锁超市可对世界各地的连锁店存货进行盘存，只需将超市的各个收银机联入互联网，在总部设置一位会计就可知其进、存、销，无须在各家连锁店重复设置仓库会计进行核算，并且能及时掌握超市的存货情况，根据成本最小原则进行集体进货、就近进货或超市间的调剂。

（四）动态核算

如果说 PC 时代的财务系统主要解决了工作量的问题，那么"互联网 +"时代财务会计将在此基础上显著突破速度的问题。"互联网 +"时代的会计核算将从事后的静态核算达到事中的动态核算，极大地丰富会计信息内容并提高会计信息的价值。"互联网 +"时代财务会计系统将能够即时生成各种反映企业经营和资金状况的动态财务报表、财务报告，年报、季报、月报和日报等。比如，中国建设银行网上银行的对公业务，可以进行账户余额查询、明细账页查询、账户到达日期查询，即随时查询企业最新的银行资金信息。

（五）在线管理

基于动态会计信息，财务主管将能够及时地做出反应，以便部署经营活动和做出财务安排。在线管理主要表现为在线反映、在线反馈、实时分析比较功能。利用在线反映，企业内外部信息需求者可动态得到企业实时财务及非财务信息。利用在线反馈，可动态跟踪企业的每一项变动，予以必要揭示。实时分析比较即指财务人员依靠网络环境下的在线数据库得到同行业其他企业的有关财务动态指标，进行比较分析，正确预测企业今后趋势。在线管理有别于传统管理模式，是新的网络管理模式，能使企业在网络经济竞争中立于不败之地。

（六）集成化管理

随着市场竞争的加剧，企业为了整合财务资源，提高竞争力，越来越多地采用集成化的财务管理模式。集成化财务管理是"互联网 +"时代财务会计的理想模式。集成化财务管理是利用现代网络技术和信息集成方法，将财务与业务、供应链集成起来，追求整体效率和效益的提高，实现缩短生产前置时间、提高产品质量和服务质量、提高企业的整体柔性、减少库存等战略性好处，使企业具有低能耗、低物耗、高效益、高应变能力，实现企业物流、资金流和信息流的高度统一以及财务的实时管理，以适应柔性生产、组织扁平化和产品个性化的市场需求。整体而言，实现从传统财务管理模式到集成化财务管理模式的转变需经历以下三个阶段。

第一阶段，实现企业内部财务的集成。在企业内部所有财务部门实现联网后，总部的财务部门可以随时了解下属机构的财务信息，并将所有下属机构的财务信息集中到总部统一核算、集中管理，下属机构则成为一个财务报账单位。

第二阶段，实现企业内部财务与业务的集成。重组企业内部工作流程，精减中间环节，建立跨职能型群体，实现财务管理与业务管理相结合。

第三阶段，实现企业与整个供应链的集成。网络经济时代，全球网络已将供应链上的所在企业联系在一起，市场不仅是单个企业之间的竞争，还是多个企业之间的整体竞争。比如，海尔集团曾于 1999 年对整个供应链进行业务流程改造，利用网络与不同实力的供应商建立不同层次的联系，同时零距离地满足客户的需求，推行对供应商—厂商—顾客价值链的管理。

（七）电子凭证

电子凭证包括电子原始凭证和电子记账凭证。长期以来，书面原始凭证以其手写笔迹各异而易于辨认、多联复写而便于牵制等特性受到会计人员的青睐，使企业中企图修改原始凭证者望而却步。然而，“互联网 +”时代财务会计的快速发展必然带来原始凭证的电子化。

（八）电子货币

1996 年出现了第一家网上结算中心（网上银行）——纽约安全第一网络银行，目前发展到 1 500 多家。众多网上银行的出现是电子货币得以实现的必要条件。网络财务环境是一个融生产商、供应商、经销商、用户、银行及国家结算机构为一体的网络体系，已不存在货款的直接交易，现金一经存入银行就变为货币信息，并以信息的方式与商家交流，实现货币功能，这时的货币就是“电子”形式的货币。电子货币是电子商务的重要条件，也是网络财务的重要基础。货币的电子化以及在此基础上的网上支付、网上结算极大地提高了结算效率，加快了资金周转速度，降低了企业资金成本。电子货币使纸面现金逐渐消失，单位的出纳岗位职能随之发生改变。

（九）网页数据

“互联网 +”时代下的财务信息提供方式也发生了较大改变，从传统的纸质页面数据、电算化初步的磁盘数据发展为现在的网络页面数据。企业不论大小，其财务管理都采用页面形式，致使“大企业变小，小企业变大”，各个企业得以在更加平等的市场环境下竞争。网络页面数据具有超链接的功能，与传统财务信息提供方式的区别是信息的时效性显著增强，页面的可视化显著提高，并不受时间和空间的限制。越来越多的上市公司开始在公司网站上放置企业财务报告供股东查考。

（十）网上理财

网上理财是以专营网站方式，在数据安全保密机制下，在网上提供的专业应用服务。一些最终用户将不再购买软件回去自行使用，而是购买财务处理服务，由服务提供商直接在网上提供会计处理和财务管理服务。最终，用户直接得到理财服务，并按服务项目和数量付费。这种服务方式正好能够为那些缺乏会计主体特征或生存期短的虚拟企业或不愿购买财务软件的小型企业提供数字化的财务会计服务。

（十一）移动办公

“互联网+”时代使财务会计的工作方式发生了改变，可以真正实现移动办公和在线办公。“互联网+”时代的财务会计利用互联网可随时随地与公司沟通信息，完成信息、财务管理工作，而且其仅需要一台可以联网的计算机和一套财务软件。例如，库存和销售部门的业务员可以使用手持信息设备输入各种商品／劳务数据，再联网传送给财务系统；公司职员可以借助联网的信息终端申请借款、填报各项收支；财务和企业主管可以利用移动终端联网查询各种财务数据；财务人员在授权情况下也可以实现家庭办公。

四、“互联网+”时代财务会计产生的必然性

“互联网+”时代财务会计的产生是互联网技术发展到一定阶段的产物，无论从客观环境还是技术条件上，都有其必然性，主要表现在以下方面。

（一）企业信息化发展的客观要求

企业信息化是提高企业管理水平的重要手段。要想改善企业的管理就应

建立以财务成本管理为核心的内部信息管理系统，降低采购、销售、管理各项成本。企业要以财务成本为核心，逐步建立产品开发、生产流程和质量控制等完整的企业内部信息管理系统。过去，企业的财务滞后于经济活动，而“互联网 +”时代，财务会计能够有效地进行实时的成本监控。

（二）电子商务时代的发展需求

网络的发展推动了电子商务的兴起，但一些企业仅将建立一个企业的网站、通过互联网收取电子订单视为开展电子商务的全部，而忽略了企业自身的财务、业务系统的运作效率。大多数国内企业以进、销、存业务为代表的内部业务、财务管理还没有实现信息化的科学管理，所以不能综合应用物流、资金流和信息流，即便有了电子订单，企业运作对市场反应的迟缓还是得不到根本性的解决，再加上国内网络硬件设施的不足和网上金融认证的不成熟，企业电子商务发展进度缓慢。因此，对于企业来说，要建设和发展有竞争力的电子商务，必须建立财务业务一体化信息平台。

（三）全球一体化经济的影响

企业只有完成从桌面财务到网络财务的过渡才能走向以电子商务为主要标志的历史新阶段。首先，企业的主要经营方式将向电子商务过渡；其次，企业将成为全球网络供应链中的一个节点，实现企业管理的数字化；最后，企业的生态环境将由原来的供应商—厂商—销售商—客户的层级化串行模式演变为基于网络的扁平化并行模式。这样，企业才能在互联网的基础上进一步实现国际化，从而增加企业的国际竞争力，并促进全球经济一体化的形成。

五、“互联网 +”时代财务会计的特点

（一）“互联网 +”时代财务会计拓展了财务管理的空间

会计数据的载体由纸张变为磁介质或光电介质，所有的物理距离大大缩短，财务管理能力可以延伸到不同地域的任何一个点，会计信息的传输不再受距离的限制。

（二）“互联网 +”时代提高了财务管理的工作效率

会计核算将从事后的静态核算转变为集中的动态核算，并将丰富会计信息的内容和提高会计信息的价值，因而能便捷地产生各种反映企业经营和资金状况的动态财务报表、财务报告。

（三）“互联网 +”时代实现了公司内部财务与业务一体化

在实现公司内部财务与业务一体化的同时，网络财务系统可以实现供应商、企业、客户以及物流机构之间的协作，实现网上采购订货和销售等一系列的业务。

（四）“互联网 +”时代能够实现财务管理集中化

随着全球经济一体化进程的加快，企业在激烈的市场竞争中面临的不确定性越来越大，为了在未来的竞争中实现长期的生存和发展，许多公司纷纷走向联合，企业兼并、收购、重组活动日益频繁，企业的规模越来越大。跨国公司越来越需要对其财务实行集中统一的管理，避免分立的财务决策对企业的整体业绩造成影响。

第四节　“互联网 +”时代对财务会计的影响

财务会计在互联网的不断发展下，借助“互联网 +”优势，不仅能够实现远程查账与财务稽查，还能够实现跨区域财务业务协同，不再受到传统会计模式的束缚。具体来看，这一影响主要体现在以下几个方面。

一、“互联网 +”时代对财务会计核算的影响

（一）对会计确认的影响

会计确认有广义和狭义之分。广义上的会计确认指的是财务会计进行会计记录、会计计量和在规定的时间、地点进行财务报告的整个流程。狭义上的会计确认则只包括在什么时间点进行报告是最为恰当的。在“互联网 +”

高速发展的今天，越来越多的企业偏向互联网相关领域的发展，这必然导致财务会计确认对象的多样化和复杂化。例如，手机游戏的游戏币、优惠券、读书豆等新型的虚拟资产为企业所有或可控，并且在可预见的未来可以为企业带来现金流。这符合对资产的确认条件，但是虚拟资产的研发与生产是用于直接销售的，可以直接为企业带来经济效益。这是一种新型资产的会计确认，不能将其作为无形资产进行会计确认。

（二）对会计计量的影响

在互联网快速发展的背景下，企业为了更好地获得利润，开始不断地拓展相关的网络业务，因此会计计量对象也多种多样。虚拟资产的会计计量不能采用常规的历史成本计量法、可重置成本法，因为虚拟资产可以被多次销售，它的再生产成本几乎可以忽略不计。虚拟资产的收益与未来的销售前景、超额利润直接挂钩，企业只需对虚拟资产的未来现金流进行有效的估算，因此未来现金流量的现值是虚拟资产最好的计量依据。

（三）对财务报告的影响

财务报告是由财务报表和附表、附注组成的。随着“互联网 +”的快速发展，越来越多的会计软件被应用在会计核算上，这一方面是为了提高会计信息收集和加工的效率，另一方面在这个知识创新的信息化社会，财务报告中所补充的信息越来越重要，所以附注、附表中进行补充和说明的信息应该更加及时、准确。

二、“互联网 +”时代对财务会计目标的影响

传统的会计目标是财务会计在进行会计实践时的参照物，同时它影响着会计人员下一步的财务工作。会计目标主要是为了指导我们在财务实践中如何进行会计信息的核算、收集和整理哪些经济信息，以及如何为企业管理者提供正确的财务决策依据。这也是我们一直要讨论的问题。事实上，20 世纪 70—80 年代，西方会计界就针对此形成了意见完全不同的两大学派。

（一）受托责任学派

受托责任学派认为社会资本所有权和经营权相分离。资本的管理者应该合理、有效地对资本进行管理，做出正确的经营决策，为企业带来经济效率，同时对资产的利益相关者负责。

（二）决策有用学派

决策有用学派更加注重企业经营活动中管理者决策水平的高低。因为管理者决策水平的高低对财务数据的准确性、可靠性要求很高，所以在财务决策中，一方面要注重经济信息的质量问题，另一方面要及时关注企业资源的变动情况，掌握最及时、有效的信息。

随着网络信息化时代的到来，企业的经营活动更加复杂多样，企业管理者进行经营决策的重要性甚至影响着企业的未来，所以基于互联网，笔者更加偏向决策有用学派。

三、"互联网+"时代对财务会计服务的影响

（一）推进财务会计服务水平升级

互联网促进了社会分工，推动了新的现代会计制度和会计服务现代化的建设。同时，在互联网时代，为了有效地分配资源、及时评估绩效，有必要对会计人员的工作进行调整，以发挥会计的预测和规划作用。

在互联网环境下，财务会计在提高决策支持能力、降低成本、提高企业竞争力方面发挥着重要作用。互联网为财务会计服务的重点从财务会计向管理会计转变提供了机遇。传统会计服务只提供简单的标准化财务信息，"互联网+"时代财务会计服务将逐步转向确保参与决策分析，为会计服务提供战略支持，促进会计服务的转型和完善。传统的管理会计是基于静态预算进行反馈、控制和评价的机械体系，而"互联网+"时代的管理会计应转变成根据环境变化进行动态预测和分析，提供实时决策支持、柔性优化资源，持续改进绩效，构建财务分析与预测、财务战略规划、资本市场运作、全面预算管理体系、全面风险管理、绩效管理、商业模式等专业体系。传统的会计服务与"互联网+"时代的会计服务的区别如表1–1所示。

表1-1 传统的会计服务与“互联网+”时代的会计服务的区别

区　别	传统的会计服务	“互联网 +”时代的会计服务
内容方面	仅提供简单、标准化的财务信息	重点提供参与决策分析、创造价值、战略支持的会计服务
灵活性方面	基于静态预算进行反馈、控制和评价的机械体系	根据环境变化进行动态预测和计划，提供实时决策支持、柔性优化资源，持续改进绩效

（二）促进财务会计服务水平建设

在互联网时代，建立会计服务平台是关键。政府可以通过金融服务交换的开放平台加强当地金融交易平台的建设，为企业和管理人员提供大量数据和广泛的服务。一般而言，地区的金融服务交换平台中的数据是基于信息技术、云计算和金融业务流程处理的大型数据，可以优化企业组织结构，提高流程效率，降低运营成本。

在互联网时代，企业通过财务共享服务平台来强化内部控制、降低风险、提高效率，实现“协同业务，集中管理”，因此建立一个财务共享服务的信息平台，让企业把数据导入系统，做到事前提示、事中控制、事后评价，可以在平台上建立财务模板，尽可能取消人工作业，让业务数据自动生成有用的财务信息。比如，可以运用标准化系统执行各项业务，减少偏差及各业务单元可能存在的暗箱操作，降低各种风险；可以通过设置让系统自动提示例外和预警；可以利用系统的开放性建立各数据共享接口和平台，满足各方不同需求；可以通过系统定期生成按会计准则要求的财务报表及按管理要求的会计报表等。可见，信息共享服务平台的建设和完善是实现会计服务转型升级的关键环节。

当今社会，已经有很多企业开始运用共享服务，为企业吸引更多的新客户和更多的业务提供了基础。

（三）改善财务会计服务资源配置

互联网在提高社会生产效率、资源配置效益，改变人类生活方式等方面发挥着不可逆转的巨大作用。互联网技术催生了新的增值服务，改变了会计服务业价值链的价值分布。在“互联网 +”时代，互联网的互通互联让会计服务资源有机会流动起来，解决了会计服务资源闲置的问题。在“互联网

+”时代，会计人员可在一个开放的会计网络平台上处理各项财务会计事项，从根本上改变了过去会计人员独立和封闭的工作单元，便于进行网上编制财务报表、财务审批、在线更新财务制度、在线服务支持、在线资金调度、在线咨询等。在这种情况下，会计服务实行众包模式成为可能。众包是互联网环境下的一种重要的生产组织方式，它通过利用资源的闲置产能有效配置资源，形成了一种分散而又共享的经济形态。比如，国外的 Uber 就将社会上闲置的汽车资源整合到了出租市场上，让闲置的资源得以利用，满足了人们的打车需求。

第二章 “互联网 +”时代财务会计信息的处理

第一节 “互联网 +”时代财务会计概念框架

一、财务会计概念框架理论

（一）财务会计概念框架的含义与性质

财务会计概念框架的定义最早出现于美国财务会计准则委员会（FASB）1976 年公布的相关文件中。1980 年，FASB 在其发表的《财务会计概念第二号公告》的前言部分正式给出了概念框架的定义：“概念框架是由目标和相互关联的基本概念组成的连贯的理论体系。”这些目标和基本概念导致前后一贯的准则。通过制定财务会计和报告结构与方向促进公正的财务会计信息和有关信息的提供，以帮助资本市场和其他市场的有效运行。

根据 FASB 关于概念框架的定义，会计准则的制定必须保持前后一致，沿着目标指定的方向，也就是说，概念框架应作为理论工具，而非直接解决财务会计和报告中的各项问题。

美国的概念框架不属于通用会计准则（GAAP）范围。首先，美国注册会计师协会（AICPA）把美国通用会计准则划分为四个层次，其中并不包括概念框架，而是将其列在准则外的第五个层次，其地位更像一部专业参考文献。其次，FASB在2005年发布的一份征求意见稿《公认会计原则的层次》中明确将概念框架排除在GAAP外。可以认为，通用会计准则的目标是解决会计实务中出现的问题，相对应的概念框架应服务于评估、发展会计准则，只有在缺乏会计准则的情况下，才可以将概念框架中的理论用于实际问题。由此可见，不应该将两者画等号，更不应该把概念框架凌驾于准则之上，而应发挥其权威性，使其起到指导准则的作用。

（二）财务会计概念框架产生的背景

财务会计概念框架是不断演变的产物，在不同的环境背景下，其可能呈现出不同的特征。因此，对财务会计概念框架的研究是一个继承与发展的过程，应通过概念框架产生的特殊背景来理解该会计理论体系产生的原因。

1. 股份企业中存在的"两权分离"现象使信息不对称性加剧

20世纪30年代，随着生产力水平的提高，美国的许多公司实现了向现代股份公司制度的转变。著名的经济学家钱德勒认为，股权分散的加剧和管理的专业化使拥有专门管理知识并垄断专门经营信息的经理人实际上掌握了对企业的控制大权，从而导致"两权分离"。财务会计信息对资源配置起到了重要的导向作用，投资者往往只能依靠财务会计信息去了解一家企业，再做出理智的投资决策。但在信息提供者与信息使用者的信息存在不对称的情况下，很难保证财务会计信息的质量，而且财务报告作为财务信息的主要载体，极易产生误导性。由此可见，企业按照公开、公平、公正的原则，提供真实、公允和透明的信息是建立和完善资本市场的客观要求。随着经济的发展，GAAP诞生了，其目的是规范财务会计信息。同时，其对会计概念、会计理论等提出了新的要求。

2. 客观经济形势的发展要求更新传统的会计理论

在美国、英国等发达国家，企业活动不再只限于简单的买卖活动，企业的各项业务趋于多元化发展，如金融投资、企业兼并、融资租赁等。这意味着会计活动由传统的借贷转向更加复杂的财务会计实务处理。即使提出了会计准则，但在解决实务问题中，因为缺乏内在一致的会计概念，仍然会出现许多矛盾与不一致的问题。同样，一些与会计准则相关的会计文献经常出现观点不一、相互抵触等情况。会计实务出现混乱、不同准则之间发生冲突，这些都使会计信息使用者无法做出合理的投资决策。为了防止这种情况的恶化，准则制定者不惜花费高昂的准则制定成本，尽可能地对财务报告进行规范。可见，对规范会计准则的呼吁声此起彼伏，不仅来自企业管理者、证券发行机构和投资者，还来自准则制定者本身。探索一套能被大众普遍接受的会计理论来指导准则和会计实务成为现时的、客观的经济需求。

3. 会计准则制定机构抵御政府与其他利益集团的干预

在概念框架成立初期，FASB 只是美国注册会计师协会专门设置的一个职业团体。随着后来的发展，FASB 逐步成为美国证券交易委员会和会计职业界所承认的一个专业组织。作为一个民间机构，FASB 必然受到政府的管制与其他利益集团的干预，这样严重降低了其在社会中的地位与作用。在人们初步摸索建立框架理论之际，FASB 正在努力为摆脱困境、更好地树立其权威并获得独立的准则制定权而寻找合理的途径。

（三）财务会计概念框架的定位

我们在对财务会计概念框架（CF）进行大致介绍的基础上，拟对财务会计概念框架做一个尝试性的定位。

CF 绝对不是凭空捏造或人为制定的，而是在考虑了许多会计理论因素并对其加以总结的基础上逐步完成的。从这个意义上说，我们可以把 CF 视为会计理论的一个组成部分，这样概念框架本身就具备了科学性的一面。

会计是一种反映有关经济现实信息的方法，是一个把经济现实的数据通过确认、计量、记录、报告加工为信息并对外传递的过程，采用方法的不同将会对最后生成的信息产生很大的影响。从技术性角度看，我们希望找到一种内在一致的方法，使最后生成的信息在一定社会、经济环境下能够最准确、真实地反映经济现实，这也是规范会计理论一直试图进行的工作。但是，由于会计信息具有经济后果，各相关利益集团均将自己对会计信息的关心向前追溯到产生信息的过程，甚至是通用会计原则（GAAP）。在不同利益集团的利益需求驱动下，GAAP 呈现出了人为的多样性与可选择性。这与人们试图找到一种最准确、真实地反映经济现实的方法的初衷是一致的。为此，需要一套最直接、有用的技术性理论来帮助制定公认的会计原则，并为其提供一系列基本的技术性概念以确定原则的好坏，从而增进原则的科学性与内在一致性。

由此我们可以认为，特定的社会经济环境决定了人们对会计准则的需求，而 CF 是制定会计准则最直接、有效的理论，它为会计准则的制定提供了技术上的支持，确保准则制定的前后连贯性及其定义的科学性。在此基础上，概念框架可以用来“评估和发展”准则，促进准则制定朝着高质量的目标发展，并进一步提高会计实务和会计信息的高质量。同时，由于概念框架是在考虑了大量会计理论的基础上建立起来的具有层次的逻辑体系，从某种程度上决定了概念框架在一定环境下所特有的稳定性及前瞻性。也就是说，现有会计准则等规范性文献未曾涉及的新的会计问题在一定环境下可以借助概念框架来加以解决。

会计的发展是反应性的，也就是说，会计主要是应一定时期的商业需要而发展的，并与经济的发展密切相关。这一点非常必要。尽管概念框架可以用来评估和发展准则，可以用来解决一些新的会计问题，但其本身也要与特定环境的需求相适应。当特定环境发生改变并具有普遍性意义，原有概念框架无法再有效起到其应有的作用时，就需要对概念框架加以修订和完善。

（四）财务会计概念框架的发展趋势

“会计趋同”这一概念最先由国际会计准则委员会（IASC）提出。IASC声明，趋同并非要求每一个会计范畴完全相同，它更是一个渐进的过程。趋同的目标是寻找恰当的方法，共同构建全球高质量会计与审计准则体系。可见，会计发展必须同步于经济全球化的发展，只有趋同的会计准则才能踢开实现全球经济一体化目标的绊脚石。为了保证新开发的国际会计准则具有趋同性，并且可以被大多数国家接受，需要构造一套通用的、内在一致的概念框架理论体系。各国会计界普遍认同该观点。许多国家表示愿意由“初步协调”走向“国际趋同”，建立通用的国际财务报告准则。趋同的概念框架也逐渐被委员会提至议事日程中。目前，世界各国发布的概念框架大体相似，其中美国的财务会计概念框架研究历时最久，涵盖范围最为全面，所以其影响最为广泛而深远。为了适应国际趋同的发展需要，我国在 2006 年颁布了《企业会计准则——基本准则》。此后，会计职业界也一直在研究解决如何快速与国际财务报告准则接轨的问题。

总之，随着会计准则国际趋同的进展，财务会计概念框架的国际趋同符合全球经济发展的客观规律。国际会计准则理事会（IASB，前身 IASC）和

FASB 在 2005 年开始了新的概念框架联合构建项目，目的是努力让各国现行的财务会计概念框架趋同。

二、财务会计概念框架内容

FASB 于 1976 年提出的名为《概念框架研究项目的范围与含义》的研究计划指出，概念框架是由目标及其相关的基本概念组成的逻辑严密的体系。其内容主要包括确认财务会计和财务报告的目标，对财务报表要素做出定义，评估财务会计和会计信息的质量特征，解决如何对财务报表要素的确认、计量和报告，分析某些重大财务会计问题。笔者认为，我国的 CF 应包括三个层次。

第一层次：会计目标、会计对象、会计基本假设。

第二层次：会计信息的质量特征、财务报表的基本要素。

第三层次：财务报表各要素的界定、确认、计量、报告。

假设是科学研究中的一种逻辑思维方式。通过建立会计假设，确定财务会计确认和计量的前提条件，即构造一个理想客体，以便舍弃其客观的原始形态，撇开与当前研究无关的内容、次要过程和干扰因素，使其以理想化的纯粹单一的形式呈现在研究者的面前，从而使我们有可能对其进行深入细致的研究，找出其存在和运动的规律，达到对其本质的科学认识。会计假设又称基本前提，可以说现代会计的整个结构都是建立在一系列假设基础之上的。我们这里假设的范围是宽泛的，它不仅包括四项基本假设，还包括数量化、市场价格等假设。

会计假设的归属是一个有争议的问题。由于我们把会计准则的理论框架建立在概念框架和会计环境理论两者共同的基础之上，同时鉴于会计假设的特性、概念框架和会计环境理论的特性以及国内外的实践，所以完全可以把整个（而不是部分）会计假设体系纳入会计环境理论，但这并未改变会计假设仍是会计理论的一部分的事实。会计假设作为 CF 的基础，应该纳入 CF 体系之中。至此，我们可以将会计环境视为财务会计概念框架的首要问题。

CF 受制于会计环境，可以说，会计准则的客观性只能由会计环境来决定。会计环境包括两部分内容：一部分是客观的会计环境，指与会计产生、发展密切相关，并决定着会计思想、会计理论以及会计工作发展水平的客观历史条件及特殊情况；另一部分是主观的会计环境，指人们不断变化的会计信息需求。它是 CF 体系不断完善的外在动力。中国的 CF 着重从逻辑上指明完善的会计准则的理论依据"应当是什么"，而不在于说明已制定的会计准则的理论依据"是什么"。会计准则因不得违背现行法律及各种环境因素而难臻完美，只能满足现阶段要求。当环境变化时，它们也将发生变化。因此，我们有必要创设一种相对超越现阶段环境因素的基本理论层次，它可能与现行准则或实务不一致，但它可以成为评估现行准则与实务和指导未来准则与实务的基础与指南。

中国 CF 的组成内容主要有会计目标，会计信息质量特征，财务报表要素，以及要素的确认、计量、记录与财务报告。同时，对财务会计概念框架制定产生重大影响的会计环境及会计假设应充分考虑。

对于各种概念的层次和关系，我们的基本设想如图 2–1 所示。

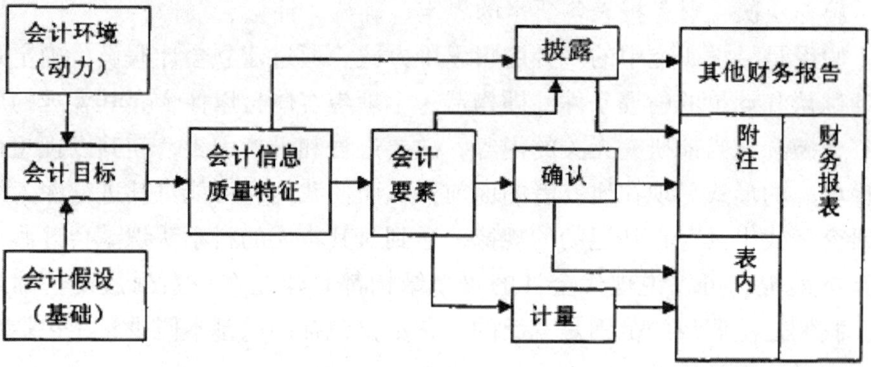

图 2–1 财务会计概念框架图

三、"互联网 +"时代的财务会计概念框架

互联网的飞速发展使市场经济环境发生了巨大变化，大数据、云计算等方面的互联网财务会计研究也有所进步。

我国于 2006 年发布的会计准则体系将西方同行的财务会计概念框架的核心内容体现在《企业会计准则——基本准则》中，基本形成了具有过渡性的财务会计概念框架。在"总则"部分规定了准则制定的目的和依据、适应范围、财务会计报告的目标、会计主体、持续经营、会计期间、货币计量、权责发生制、会计要素和记账方法等，还指出了企业会计准则的结构包括基本准则和具体准则，且具体准则的制定应遵循基本准则。其中，“会计信息质量要求”部分提出了可靠性、相关性、明晰性、可比性、实质重于形式、重要性、谨慎性和及时性等；“会计要素”部分明确了资产、负债、所有者权益、收入、费用和利润六大要素，分别定义并规定了它们的确认条件；“会计计量”部分指出企业在将符合确认条件的会计要素登记入账并列报于会计报表及其附注时，应当按照规定的会计计量并确定其金额，同时规定了历史成本、重置成本、可变现净值、现值和公允价值五种计量属性，要求企业在对会计要素进行计量时，一般应该采用历史成本，采用重置成本、可变现净值、现值、公允价值计量的，应当保证所确定的会计要素金额能够取得并可靠计量；“财务会计报告”部分分别规定了财务会计报告的概念和内容以及资产负债表、利润表、现金流表和附注的基本内涵。

从中可以看出，现行的《企业会计准则——基本准则》所包含的内容已经比较完整地体现了西方通行概念框架所涉及的会计目标、会计假设、会计信息质量特征、会计要素及其确认、会计计量与财务报告等主要方面，是一个适应目前我国会计实务和理论研究不统一的过渡时期的概念框架。当然，财务会计概念框架的构建和完善是一个长期的过程，需要根据环境的变化而不断修订和完善。

四、“互联网 +”时代财务会计概念框架的未来展望

近几年，“互联网 +”已经深入人心，并逐步影响和推动了各行业的发展，会计工作也与互联网产生了密切联系。因此，在构建财务会计概念框架内容上也有所不同，具体如下。

（一）构建财务会计概念框架内容的总体思路

首先，要明确财务会计概念框架并非会计准则，不能直接指导、规范会计实务活动。它是由会计目标和相关联的基本概念组成的逻辑严密的体系，主要通过会计准则来发挥其指导作用。

其次，概念框架的理论离不开特定的会计环境，要根据具体的会计环境规定相关的会计目标，并沿着该思路制定相关质量特征、会计要素定义、计量标准、财务报告主体等符合实际的具体内容。

最后，要着眼于目前存在的西方概念框架层次，勇于开拓概念框架体系

尚未触及的理论研究领域。可以采用的方法如下：借鉴 IASB 与 FASB 的联合概念框架项目中所提及的潜在研究领域，如披露、报告主体等相关内容，在我国会计准则所包含的内容范围内寻找需要进一步完善的会计理论，对非货币性资产交换、债务重组的理论中涉及的概念进行修订，等等。

（二）构建财务会计概念框架内容的具体设想

在基于国情重新审视《企业会计准则——基本准则》的同时，可以参考西方概念框架的核心观点（如新提出的联合概念框架项目内容），对各层次理论内容进行细致、客观的分析。

（1）FASB 与 IASB 的《概念框架：第 8 号概念公告》对目标的构建更符合以私有制为主的资本主义市场经济。其认为，财务报告目标所指向的信息使用者是企业外部做资源分配决策的投资者，而政府只是监管机构，并不对资源分配产生决定性，不应纳入主要使用者的范围。而我国的国有企业占市场经济主体的比例较大，必须在考虑私人投资者的同时，考虑政府在资源分配中起到的重大作用。否则，财务信息就失去了相关性，那些不能如实反映的财务信息可能引起资源的浪费。

此外，我国的市场监管体制并不完善，若不重视"受托经济责任"的影响，单凭"决策有用性"，很难起到准则的规范作用。因此，不建议只强调"决策有用性"，而是提倡两种理论并用的做法来确保管理层履行其责任的同时，提供与决策相关的信息。

（2）我国的质量特征以描述性的表达方式为主。这样的做法严重缺乏逻辑性，无法辨认其重要性层次，更难以将其作为信息质量筛选的指南。因此，必须对我国质量特征要求进行结构划分，并且针对每个提出的质量特征要求进行内容界定。对于质量特征的层次结构，我国虽然没有明确要求将其进行主次划分，但制定者将可靠性列在相关性之前。不相关的财务信息主要是对决策无用的信息，在我国目前市场监管体制尚未成熟的情况下，相关性很难保证信息的真实、无误，而可靠性更符合国情，所以不建议用如实反映来代替目前已经宣传较广的可靠性要求。可以考虑把质量特征的层次结构按照基础和增强的性能进行划分，用基础性的特征来进行财务信息把关，再用增强性特征补充财务信息的要求，进而使用制约的成本—效率因素对财务信息进行筛选。又因为我国在许多会计准则的内容中，使用了重要性的检验标准，所以在此建议对重要性标准单独进行解释。

（3）关于要素定义部分，我国主要基于“经济资源”的思想。这个提法既符合我国准则中出现的资产确认又符合财务报告目标的内容，因此建议继续沿用此类定义。

目前，要素的定义并没有确切的理论根基，对其解释也具有迷惑性。建议突出使用“资产负债观”对各个要素进行定义，明确站在资产与负债的角度计量企业的收益，即收益是由资产与负债的变动所引起的。基于这样的思路，才可能更好地对目前产生歧义的要素进行分类。

此外，建议补充现金流量表的各项要素。否则，难以体现现金流量表的理论性，必须全面对会计要素内容进行完善。

（4）在计量方面，我国的《企业会计准则——基本准则》仅列出了可采用的计量属性与其定义，没有给出计量属性的具体使用指南。

首先，应重点对计量属性的使用范围与具体情况进行详细划分。例如，我国投资性房地产有双重的计量选择，必须在概念框架中给出每种选择可能引起的经济后果，即对各个投资决策的影响。建议结合准则中各部分的内容来确定不同计量属性的最佳使用方案。

其次，建议趋同西方国家的准则发展方向。比如，许多国家正在考虑不再以历史成本计量无形资产，而是使用更能体现与实际相符合的“公允价值”。建议确定该类有进步意义的计量属性时充分考虑其对相应的准则可能起到的影响。

最后，应将不可计量的资产、负债等表现在报表附注的内容中，同时说明使用历史成本和市价必不可避免地会产生价值偏差问题。

（5）对于财务会计报告的内容，《企业会计准则——基本准则》中只是介绍了三大报表与附注的含义。应深入研究该部分内容，大量补充列报所需的理论根基。此外，会计报表很难达到完美无缺，报告主体不可能披露所有的内容要求，因此质量信息特征中没有“完全准确”等此类要求。可见，想要改进报表，需要增加披露的要求，并在报表可能无法完全披露的地方进行内容提示。建议大量补充报表附注的说明，以此增强财务报表的可理解性。

（6）建议密切关注联合概念框架实施工作的进展程度，在 FASB 与 IASB 发布暂时性和最终结论的每个时点分析并预测西方会计理论在未来可能的发展方向，并在此基础之上，结合我国具体国情发展具有中国特色的概念框架体系。

第二节 “互联网 +”时代财务会计信息的特征

财务会计是以凭证为依据，以货币为主要量度，连续、系统、全面、综合地反映、控制在生产过程中的资金运动，旨在提高经济效益，以提供会计信息为主的经济信息系统和价值管理活动。会计既是以提供会计信息为主的经济信息系统，又是一种进行价值管理的经济管理活动。随着信息技术的发展，财务管理全面进入信息化成为必然。与传统会计工作相比，“互联网 +”时代财务会计信息的特征有以下几点。

一、“互联网 +”时代财务会计信息的实时化

传统会计主要是事后的静态核算，涉及一份计划的执行情况、一项投资的获利情况，一般要在本月会计业务结束后才能从账上反映出来，不仅会计信息滞后，还缺乏前瞻性。在“互联网 +”时代，实时跟踪功能出现，发生交易的数据可以通过网络传递直接载入会计应用系统中，使从输入原始单据到生成最终会计信息的过程瞬间就可以完成，随时可获取所需的会计信息，大大提高了会计信息的及时性、可靠性和相关性，便于财务人员及时分析并做出科学判断和决策。外部信息使用者也可以通过网络随时获取企业财务及非财务的最新和历史信息，从而减少决策风险，及时做出正确预测和决策。

二、“互联网 +”时代财务会计信息的多元化

“互联网 +”时代下会计信息呈现多元化的特征，会计核算的基本前提得到了扩展，多主体、多币种在会计期间成为可能和必要。另外，计算机强大的运算功能以及网络技术的发展、现代企业管理和经济计量学知识的运用给会计核算注入了新鲜的血液，能多种方法并用，以满足不同使用者对信息的要求。

三、“互联网 +”时代财务会计信息的电子化

网络环境为会计信息提供了全方位的信息支持。传统会计对商品交易的

会计处理是通过手工方式开具单据后再输入电脑完成。在“互联网 +”时代，商品交易“无纸化”，电子票据、电子凭证和电子账簿取代了手工填制的单据、凭证，而且账务处理可以自动完成。此外，商品交割和资金给付将统一起来，在完成交易的同时，利用电子数据交换和交易各方包括银行、税务运输等进行各种电子票据和电子单据的交换，完成款项的支付，从而大大简化了财务人员的工作量，避免了大量坏账的产生。

同时，会计信息的输入和传递方式发生了变化。在整个经营管理网络体系中，会计系统是一个与经营管理及各种业务活动紧密连接的内部网络系统，它从各个业务点直接进行基本数据的输入。通过网络系统按设定路径以即时形式传输到有关方面，并以网络衔接的方式重新组合，于是会计所需处理的各种数据越来越多地以电子形式直接存储于计算机网络之中，构成了一个以电子联机适时处理为基本特征的网络化控制信息系统。财务会计信息的传递方式则是由附层型变为水平型，新的矩阵型网络组织结构将逐渐取代传统的金字塔型的组织结构。企业采购、销售部门可将各类信息存储于数据库中，授权的信息使用者可随时获取所需信息。财会部门也可通过网络把会计信息向企业内部和外部网页上发布，财务信息的时效性和实用性大大提高。

四、“互联网 +”时代财务会计信息的开放化

大量数据通过网络从企业内部（如企业的生产部门、人事部门等）和外部（如证监会、银行、会计师事务所、财政、税务、审计、保险监管等）直接采集，而有关部门可根据授权在线访问，通过 Internet 进入企业内部直接查阅会计信息。会计信息由封闭走向开放，数据的微观处理逐步进入宏观运作的领域。信息需求者可以获得网上所有企业开放的财务及非财务信息，亦可实现资源共享与设备共享。会计信息透明度的加强还有效地避免了会计处理的“暗箱”操作，有利于对企业会计信息系统的监督。

五、“互联网 +”时代财务会计信息的智能化

网络时代的会计系统可以理解为一个由人、电子计算机系统、网络系统、数据及程序等有机结合的应用系统。它不仅具有核算功能，还具有控制功能和管理功能。所以，会计系统不再是一个简单的模拟手工方式的仿真型系统，而是一个人机互动的智能型系统。在信息化环境下，记账是由计算机

自动完成的，计算机系统在同一个数据库文件中取数，同时登记日记账、明细账等账簿，登记账簿的数据源是唯一的，记账过程中不会发生文字或数字转抄错误，划线更正法也就失去了应用的基础。对于一些特殊的错误，如编制会计分录时会计科目用错、借贷方金额同时减少或增加的情况，可以采用红字冲销法或补充登记法直接更正电子数据。

第三节 "互联网 +"时代财务会计信息的处理内容

一、"互联网 +"时代财务会计信息的集成处理

目前，网络环境下财务会计软件仍处于快速发展变化的过程中，其体系结构并未统一。图 2-2 是一种比较典型的基于财务数据仓库的网络环境下财务会计软件的体系结构。

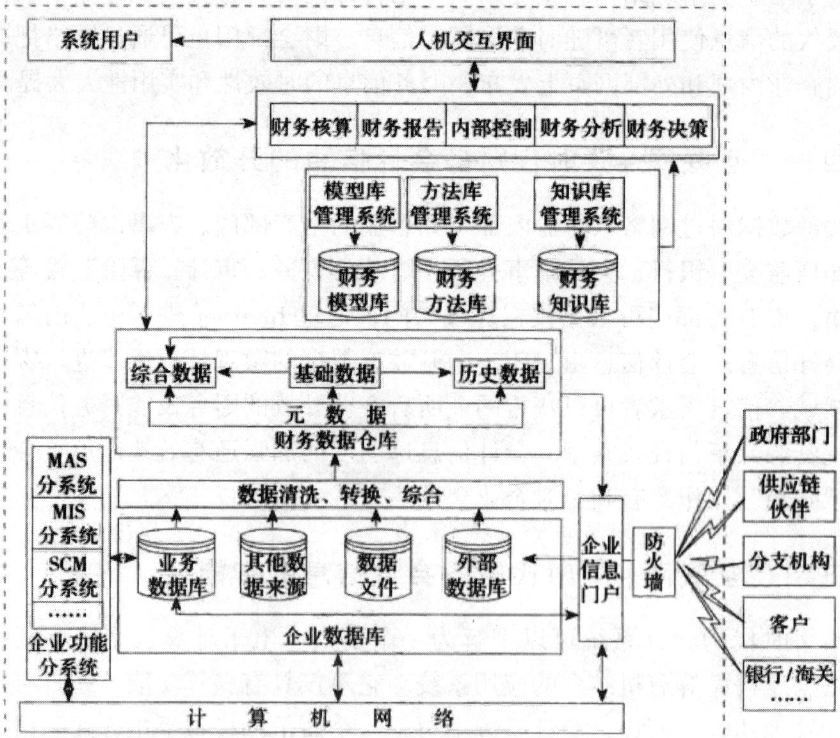

图 2-2 "互联网 +"时代财务会计软件的体系结构

该体系结构强调业务处理与信息处理的集成、财务信息与非财务信息的集成、核算与管理的集成。通过在企业信息系统的生产自动化系统（MAS）、管理信息系统（MIS）、供应链管理（SCM）等子系统中嵌入各种业务处理规则，企业内外部的业务事件一旦发生，相关的财务和非财务信息就会被实时采集并传递到业务数据库中进行存储。企业管理过程中产生的非格式化的文档和报表存储于数据文件中，通过信息门户收集的外部数据，如客户的反馈信息、市场的变化信息、竞争对手的最新动态等则存储于外部数据库中。

为了避免数据的分散和重复存储，网络环境下财务会计软件通过数据转换工具对业务数据库、数据文件、外部数据库，以及其他数据来源中的数据进行清洗、转换和综合，将其转换成面向财务主题的信息后再按照标准格式统一存储于财务数据仓库中。财务数据仓库中不仅存储符合会计事项定义的业务事件，还存储企业需要计划、控制、分析及评价的其他事件。

在财务数据仓库的支撑下，网络环境下财务会计软件可直接完成核算及内部控制工作，并通过分类、汇总、余额计算等处理过程完成定制化的财务报告。此外，网络环境下财务会计软件还可以运用各种模型、方法及专家知识，对相关数据进行深入分析，以辅助管理层的决策。

模型库用于存放用户求解财务问题所需的各种模型，包括管理控制模型、筹资决策模型、投资决策模型、企业经济价值评估模型、成本分析模型、利润分析模型等。由于财务问题种类繁多，所使用的模型根据具体问题的不同经常会发生变化，所以模型库中存储的模型一般是具有通用性的基本模型。在进行实际问题的求解时，再根据具体问题调用模型库中的基本模型，匹配生成一个针对某一特定问题的求解过程，即动态模型。一旦具体决策过程结束，动态模型即消失，模型库中仍然只有基本模型。这种模型运行方式可以突破一个模型只能包含某种固定方法的模式，在系统运行时可连接不同的基本模型，形成多种模型，并通过比较获得最佳求解模型。

方法库用于存放与财务决策相关的基本方法，如量本利分析法、时序分析法、回归分析法、主成本分析法、线性和非线性规划法、动态规划法、网络计划法等。此外，方法库中还存放有不同的确认和计量规则，如会计核算和报告需要遵循的会计准则就是这些规则中的一种。方法库中存储的各种基本方法和规则也可以根据需要进行灵活组合，形成解决具体财务问题的专用方法和规则。

用户在使用网络环境下财务会计软件辅助决策时，经常需要得到专家的帮助和指导。例如，当进行某项成本决策时，有制造成本法、变动成本法、作业成本法等多种成本计算方法可供选择，但用户往往不清楚应当使用哪种决策方法。这时，知识推理可使决策结果更符合实际。财务知识库中存放着有关财务决策问题领域的知识，以便为人机交互、专家系统推理机、动态构模及综合分析等提供必要的知识支持，从而实现基于知识的推理。

在信息化系统建设过程中，要从企业财务管理实际出发，不断加大对基础信息系统的管控力度，集中处理综合信息，这样就能有效降低财务运作的工作量，同时使快速反应管理的难度下降，实现对整个管理平台的有效控制。因此，在实际开展管理工作时，不仅要加大对基础信息中财务数据的收集和管理力度，对生产系统中所含的财务数据也应加强收集管理，重视基础信息平台建设，形成集数据报表、数据收集与分析、财务监控等功能于一体的系统。在财务信息化架构构建过程中，应当根据管理需要及时对系统做更新或替换处理，并专门针对财务信息管理、生产系统管理、基础信息收集等在管理标准上实行统一化。另外，还要从多个层级的财务信息管理需求出发，做好财务信息系统设计工作，尤其是数据库集中处理模式的构建，从而让企业综合处理能力得到优化和提高。

二、"互联网+"时代对财务会计信息披露的影响

（一）"互联网+"时代对财务会计信息披露内容的影响

在传统的会计信息披露模式下，企业对外提供的是通用的财务报告，会计信息比较单一，难以全面反映企业的经济活动；通用会计报告提供的会计信息比较综合，但信息可靠性不高。随着网络技术的发展和应用，信息使用者对会计信息的需求越来越多元化，会计信息披露的内容也应该得到丰富和完善。传统手工会计由会计人员运用复式记账等方法处理经济业务，在此基础上编制财务报告来完成。这一过程要运用一系列的会计处理方法和程序，按照一定次序进行，习惯上称其为"会计循环"。传统的会计信息披露过程如表 2-1 所示。

表2-1　传统的会计信息披露过程

确认	步骤 1：识别需要记录的会计业务或事项
计量记录	步骤 2：根据原始凭证编制会计分录，并登记日记账
	步骤 3：从日记账过到分类
	步骤 4：编制调整前试算平衡表
	步骤 5：编制期末调整分录并过账
	步骤 6：编制调整后试算平衡表
	步骤 7：编制结账分录并过账
	步骤 8：编制结账后试算平衡表
报告	步骤 9：编制财务报表
为下一会计期间准备	步骤 10：编制转回分录并过账

传统会计业务流程是建立在劳动分工理论下的一种顺序化的业务流程，其入口的主要内容就是会计凭证，即当一项经营活动发生时，会计人员根据原始凭证进行会计信息的采集，然后根据业务类型编制记账凭证，并进行账簿登记和报表编制。这种传统的会计信息披露模式披露的会计信息有限，难以全面反映企业的经济活动。有的财务报告反映的主要是企业的财务信息，其揭示的范围主要限于财务会计确认与计量的交易和事项，只在会计报表附注中披露少量的非财务信息，尽管附注的内容不断增加，但披露的非财务信息的数量还是很有限。使用者对非财务信息如有关管理层和股东的信息、前瞻性信息、管理层对经营数据的分析等了解得很少，不利于会计信息使用者的分析决策。另外，这种手工会计处理方式工作量大，时效性和准确性有待提高。

基于网络技术环境的会计处理由于使用了计算机这种具有庞大存储容量、高速运算能力的设备，以及能够代替人工进行会计核算的软件系统，不仅扩大了会计信息系统的资料处理、信息生成和数据管理能力，还提高了会计信息披露的时效性。网络环境下会计信息披露的过程如图 2-3 所示。

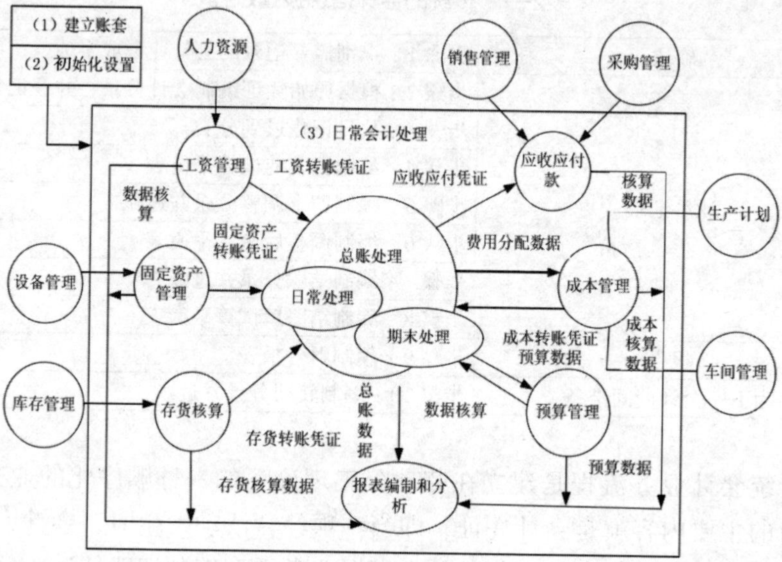

图 2-3　网络环境下的会计信息披露过程

相对于传统手工会计信息披露，计算机会计信息系统可以更为灵活和快捷地输出会计信息。会计人员也可以从烦琐的手工账务中解脱出来，将更多的时间和精力用到对会计资料和信息的分析与利用上。在网络环境下，信息使用者的需求越来越高，企业可以利用先进的网络技术对会计信息的内容进行披露，具体如表 2-2 所示。

表2-2　网络环境对会计信息披露内容的影响

显著特点	具体内容及优良性
与传统财务报告相比，网络环境下报告应对商誉、特许经营权、专利权、版权等无形资产进行合理的确认与计量	1. 财务与非财务信息 包括管理者用于企业管理的业绩和经营数据以及财务报表和相关信息的披露
	2. 企业管理者（如经理、财务负责人）对上述财务信息和非财务信息的分析
	3. 前瞻性信息 在披露企业未来机会的同时，适当披露其可能面临的风险。同时，企业的实际业绩与过去的比较情况、经营计划包含在内
	4. 企业领导者与股东的信息
	5. 企业背景信息 包括企业所处的市场宏观环境、产业结构、战略规划等

在网络环境下，总账子系统进行凭证处理、登账、转账等构成的日常处理和由对账、结账等构成的期末处理并生成财务报告，大大提高了会计信息处理的时效性和准确性，提高了会计核算的水平和质量，减轻了会计人员的劳动强度。随着网络信息技术的发展，会计信息的需求越来越呈现广泛性、差异性和易变性特点，不同用户以及同一用户的不同用途对信息的要求都有所差别，这种差异化的信息需求要求会计主体提供的会计信息应科学充分，既要有报告单位的内部信息也要有外部信息，内部信息有财务信息和非财务信息，外部信息有其他微观主体信息、宏观经济和市场形势的信息以及国际市场信息。

（二）“互联网+”时代对财务会计信息披露安全性的影响

随着网络技术在会计领域的应用和发展，会计工作的效率大大提高，但网络的开放性、数据存储介质的脆弱性等特点给会计信息的安全带来了隐患，病毒、黑客、软件等都会使会计信息的安全受到威胁。

在网络环境下，原始凭证的数据转变成磁性介质，对电子数据的修改可以不留任何痕迹，因此会计信息的真实性对信息使用者能否做出正确决策有着直接的影响。从信息的取得渠道看，其来源具有多样性的特点，因此有可能导致审计线索紊乱；从信息传递的方式看，大量信息通过网络通信线路传输，有可能遭到非法的拦截、窃取和篡改；从信息的存储形式看，信息大都以电子数据的形式存储，易被修改、删除、隐匿、转移和伪造且不留痕迹。可见，网络系统的开放性和动态性加大了审计取证难度，加剧了会计信息失真的风险。此外，网络的应用大大减少了人工输入环节，数据访问和数据交换均通过服务器进行。

在网络技术快速发展的今天，缺乏计算机知识也会影响到网络环境下会计信息披露的质量。企业员工或管理者若缺乏计算机知识便难以进行网络环境下的会计信息披露工作。此外，缺乏计算机知识也不利于企业电算化业务的监管，不能及时发现和消除隐患。总之，随着网络技术在会计领域的应用和发展，人们对网络环境下会计信息披露的安全性提出了新的要求。

（三）“互联网+”时代对财务会计信息披露形式的影响

在“互联网+”时代，会计信息披露的形式多种多样，有纸质版、图像版、声音版、电子版等。由于网络环境下网络技术的不断发展，会计信息披露的文件形式也有了从传统的DOC、TXT、PDF格式到HTML、XML等格式的发展，越来越方便于会计信息使用者的阅读。与此同时，这些文件形式提高了网络环境下企业所披露的会计信息的可理解性，保证了会计信息的质量，便于会计信息使用者分析、决策。

1. 电子文档形式阶段

电子文档阶段网络财务报告是指企业将财务报告制作成各类格式的电子文件，电子文件采取的格式常有Abode文件格式（PDF）、文件文本格式（TXT）、Office文件格式（DOC）等并在网上发布。这些文档通过Web发布到互联网上后，使用者就可以在浏览器上联机阅读，也可将其下载后离线阅读，或者直接打印成纸质文件。该阶段财务报告的特点是与纸质财务报告内容相同，仅仅是纸质财务报告形式的电子复制品，但其传输介质发生了变化，制作与发布的成本较低。此阶段财务报告在信息查询、交换和再利用等方面也存在诸多不便。比如对不同格式的财务报告必须通过相应的阅读器才能阅读，而且电子文件之间不具备超文本引航能力，不能通过搜索引擎工具进行检索，使信息使用者不能同时阅读同一企业多年的财务报告，更不能同时阅读不同企业同一年度的财务报告，用户对财务信息做纵向和横向的对比和分析十分困难。

2.HTML形式阶段

HTML（超文本标记语言）是应用SGML标记语言的基本技术并定义了一些具有固定标记的特定标记语言，主要用于构建网页，在浏览器中显示数据。HTML的标记符号具有特定含义，不同的标签表示不同的格式信息。它是在普通文本的基础上加上一系列的标记符号来描述其格式，进而形成的浏览器可解析的超文本文件。由于信息发布涉及信息的内容和信息的表示或显示，HTML语言将两者结合在一起，有力地支持了网上信息发布的便捷性。可见，HTML语言具有通用性、简易性、可扩展性、平台无关性等优点。

HTML阶段网络财务报告主要利用HTML技术来制作和发布，其最大的特点是用户能够方便地检索信息，通过点击相关链接快速进入拟阅读的信息网页。总体而言，HTML阶段的网络财务报告可以对投资关系等内容进行指定形式的编排，使用者可以在浏览器上进行有效的阅读和理解。

本阶段财务报告的缺点是搜索的内容不够精确。HTML 作为一种简单的标识性语言，只能规定网页上的内容和显示，但无法表达相关信息的内容。比如，HTML 可以定义网络财务报告的外观显示格式，包括颜色、尺寸和形状，但不能描述诸如现金流量、主营业务收入的语义。另外，HTML 可扩展性差，用户不能根据需求自定义标记，所以信息使用者很难快速地找到准确、相关的信息。例如，用户利用搜索工具在互联网上搜索诸如“利润”这样的词，页面上会出现上万条信息，但其中大部分是不相关的。

3. XML 形式阶段

XML 是描述数据及其结构的语言，它所生成的数据文件对于应用程序和用户都是友好的、可理解的、可操作的。XML 是一门元标记语言，即它是创建标记语言的语言，通过这些标记和标签，计算机可以读懂元素的含义，并且人们也可以很轻松地从文档中获取有价值的信息。可以说，XML 是当前处理结构化信息文档的有力工具。

XML 语言的技术组成部件主要包括文档类型定义（DTD）、XML 数据模式、可扩展样式单语言（XSL）、查询语言（XQL）等。

XML 形式阶段网络财务报告主要利用可扩展标记语言技术来制作和发布。XML 除了具有 HTML 阶段的优点以外，更具有动态交互性。这是由于 XML 提供的是一种自我描述、可扩展和标准化的交换信息的描述标准，它将内容与显示格式分开，还允许用户在内容上添加自定义标签以描述其含义。XML 可扩展性也强，它可以使各行各业开发出与自己特定领域相关的标记语言。

4.XBRL 形式阶段

何为 XBRL？对此至今仍无统一定义。一般认为，其通过给财务报告业务等业务报告中的数据增加特定标记使计算机能够读懂这些报告，并进行符合业务逻辑的处理。

XBRL 形式阶段网络财务报告指的是利用可扩展业务报告语言（XBRL）的技术规范来制作和发布网络财务报告。XBRL 仍是一种基于 XML 的语言标准，但与 XML 不同的是，XBRL 的使用不仅可以实现财务信息纵向的、跨时间段的分析，还可以实现横向的跨越多公司、多行业、多国家在多个财务报表间的比较，解决了难以跨公司对数据进行横向比较的问题。它不仅提供了针对某一特定行业或应用领域统一定义业务报告格式中所蕴含的语法结构标准，还提供了可根据该行业和领域的有关准则、法规等来统一定义业务报告内容所蕴含的语义规则。也就是实现了建立一套行业内各方普遍接受和应遵循的报告标准。

总之，在网络环境下，会计信息披露的形式有了飞快的发展，完整性、易用性、可定制性等质量特征得到了不同程度的提高，会计信息的使用效果也得到了有效提高。当然，这对网络环境下会计信息披露的信息系统也是有影响的。

三、“互联网 +”时代财务会计信息披露存在的问题

以网络进行财务会计信息披露的目的是向财务会计信息的使用者提供更加及时、准确的财务数据和经营状况，以帮助其做出更高质量的经济决策。但是，网络环境存在的安全隐患和信息的真实性会在很大程度上影响会计信息使用者的判断。下面就网络环境下财务会计信息的真实性、安全性以及网络建设等方面存在的制约条件等展开讨论，分析当今社会财务会计信息披露制度存在的问题。

（一）传输过程存在安全性问题

财务会计信息在网络环境下对外披露主要依靠的是联网传输，而互联网运行过程中客观存在的一些病毒木马和不良网站给财务会计信息的对外传输带来了极大的安全隐患。其中，财务会计信息被泄露和篡改，以及被肆意截取用于违法操作的行为是最常见的。这将使财务会计信息使用者无法优先获取真实、准确的企业财务信息，从而影响企业未来的经济决策和价值评估，不利于企业的稳定运营。

（二）系统的网络化程度不高

当前，部分企业虽然实现了财务会计信息的网上披露，但由于企业自身会计信息系统的网络化程度不高，财务会计信息使用者无法全面地了解企业的财务状况，无法真正为决策者提供帮助。当前的财务会计信息系统并没有将企业整个生产运营情况的每个信息点都纳入系统之中，相较于传统会计信息的呈现而言，“互联网 +”时代财务会计信息披露仅扩大了受众范围，但所披露财务信息的空间范围并没有实质性的变化。另外，企业的财务部门收集其

他各部门信息，生成数据链，向决策者提供经营反馈的能力也没有凸显出来。

（三）披露的内容不充分

“互联网+”时代财务会计信息的披露可分为财务信息披露和非财务信息披露：财务信息披露包括反映会计主体经营成果和现金流量的相关信息披露；非财务信息披露具体包括公司的治理信息披露、经营业绩信息披露、社会责任信息披露、环境信息披露等。目前网络环境下会计信息披露的内容仍局限于传统会计信息披露模式，主要表现在以下两个方面。①财务信息披露不够充分。会计信息使用者需要获得可靠的、相关的会计信息才能够做出决策。在企业经营活动越来越复杂和股东对财务信息的期望越来越高的今天，如何确定财务信息披露的尺度已成为会计实务中最难解决的问题之一，新兴经济业务、市场运作效率和企业角色的变化都会影响财务信息披露的内容。财务信息披露是随着经济环境的变化而变化的，企业应该借助网络技术尽可能地向使用者提供完整的信息，即对会计信息进行披露时既要有财务信息也要有非财务信息，既要有货币信息又要有非货币信息，既要有定量信息又要有定性信息。由于网络环境下信息使用者需查询包括财务信息在内的各种信息，才能很好地掌握企业的经营状况，对于不利于公司的财务信息一笔带过的现象并不利于进一步做出准确的决策。②对非财务信息披露不够重视。随着经济的发展，非财务信息对企业来说越来越重要，有的非财务信息甚至比财务报表揭示的财务信息的价值还大，因此很多未要求公司披露的非财务指标在信息使用者看来已经变成必须或者应该披露的了。在向投资者披露非财务信息时，首先会遇到的问题就是如何将非财务信息量化。其次，衡量非财务信息的指标带有明显的主观性，极易导致公司重大不确定性，甚至影响股票价格。因此，客观上需要建立一套类似通用会计准则的规则体系，从而为公司价值的确定提供可比的信息。很多上市公司经常在报表附注中对应披露的问题说得含糊其词或滞后说明，有的干脆不进行说明，以此来掩盖会计报表中的虚假信息。

（四）披露制度建设滞后

“互联网+”时代财务会计信息披露制度的保障实施需要规则和法律的支持，而我国互联网方面的制度建设相对滞后，有效的规则体系尚未形成。

在这样的时代背景下，财务会计信息在网络上的披露对于决策者和信息使用者的接受度大大降低，从而制约了“互联网+”时代财务会计信息披露制度的发展。除此之外，符合我国国情的财务会计信息披露理论的不完善以及了解这一新型披露模式的专业人才的缺乏，极大地制约了互联网财务会计信息披露的发展。

总而言之，虽然我国互联网财务会计信息披露制度存在以上问题，但与传统的会计信息管理相比仍具有明显的优势。

四、“互联网+”时代财务会计信息披露的对策

（一）加大对新技术的研发应用力度

财务信息安全风险在互联网计划推进过程中呈现乘数效应，大量财务数据一旦泄露必将对国家安全和经济发展构成巨大的现实和潜在威胁。鉴于此，政府在完善网络财务信息安全制度，加强监管力度的同时，应加大对财务信息安全的资金与技术支持，集合信息安全企业、安全机构、技术研究机构的力量，加快大数据在财务信息安全领域中的应用，建设全国财务信息安全共享与关联分析平台，通过集中设立第三方安全云平台，将云节点部署于全国各地，把大量攻击引入云端进行集中阻断和分析，为企业财务信息安全提供第一道防线。这样，既有利于解决互联网推动企业转型升级过程中信息安全人才缺乏与企业财务信息安全系统建设资金不足的矛盾，又有可能提供更加准确、快速的财务信息安全策略，政企协作可以更好地应对财务信息安全威胁。

互联网与会计的深度融合使过去相对独立、分散的财务信息融合为深度关联、相互依赖的整体。传统静态、单点防护技术难以适用互联网下对安全风险的应对，企业应加大对信息技术的研发与投资，树立动态的财务信息安全理念，结合企业自身业务特点，开发新型安全系统，如采用量子密码技术、可信计算技术，施行身份认证、同步监控，自动维护财务系统等，实现财务信息传递、使用过程的安全性、真实性、完整性和防入侵性，有效防范不断变化的财务信息安全风险，切实保障企业财务信息安全。

（二）明确“互联网 +”时代财务会计核算前提，丰富信息披露内容

“互联网 +”时代财务会计实现了会计信息与企业业务的实时联动，会计工作由静态财务信息处理模式向动态管理模式转变，会计核算主体扩大，传统会计核算与信息披露模式已不能适应互联网时代发展要求。鉴于此，企业应确定网络核算前提，完善会计核算模式，重新设定财务报告模式，进一步丰富信息披露内容。首先，将传统会计主体假设下的绝对实体向网络环境下的相对主体转变，形成开放性的主体假设，试用“经济联合体”定义会计主体，将经济利益的高度统一作为判断会计主体的标准，只要是为了共同经济利益而相互协作的联合体，无论由多少个部门或独立企业组成，均可视为一个会计主体；以一个项目为核算周期代替传统持续经营假设；用交易期间代替传统会计分期假设；扩大会计核算与披露内容，提高信息披露质量。其次，完善公允价值计量准则，明确将公允价值界定为“交易价格”，将“可靠性”作为公允价值计量的基本前提，明确公允价值的使用范围与披露要求；设立多层级实际信息参数与估值技术，明确各层实际信息参数的适用范围，构建不同层级的估值技术，规范估值方法；改善我国公允价值市场环境，减少政府对市场的管制，加大市场化程度，使金融资产、金融衍生品等交易价格更加公允。最后，重新设定财务报告模式。将资产负债按照“历史成本”与“公允价值”分别列报，重设资产负债列报顺序，纳入对人力资本等重要信息的表内披露，丰富信息披露内容，提高信息的决策效用。

（三）完善信息披露制度，加强政府监管

互联网在便利财务信息披露的同时，也暴露出了诸多问题。为满足互联网会计的新要求，需不断完善我国财务信息披露制度，规范互联网市场秩序，加强政府监管，以保障互联网会计健康、持续发展。首先，拓宽信息披露主体范围，将互联网企业纳入信息披露制度，完善信息披露内容，加大对财务信息、经营信息、管理信息、风险信息的披露力度。其次，设立独立监管机构。互联网下企业经营具有虚拟化、跨界化、高技术等特点，风险管理更加复杂，监管难度更大，而我国大部分行业实行交叉管理，甚至有些行业没有管理机构，因此我们应引进国外管理体制，设立各行业独立的监管机

构，加强各行业的监管力度，提高信息披露质量。最后，加大惩罚力度，完善相关法律法规，细化信息披露违规程度，加大违规成本，情节严重者可以尝试暂停入市措施。

五、“互联网 +”时代财务会计信息披露的趋势

互联网信息网络化带来的影响是多方面且多角度的。随着互联网的便利，我们越来越依赖网络了，同时网络逐渐影响社会经济的各个方面，“互联网 +”时代对传统会计理论的四个假设提出了挑战，网络经济的发展改变了传统的交易方式和管理模式，“互联网 +”时代财务会计信息披露增加了财务信息的透明度和质量，这在很大程度上预示了未来“互联网 +”时代财务会计信息披露的发展趋势，即互联网披露方式多元化。

（一）披露方式之一：纵向披露

所谓纵向披露，就是大型上市企业或跨国企业利用自身的网络数据库对会计信息进行分批整理、集中汇总。在网络高度发达的今天，这种纵向披露的方式能使公司的各个领导层获取财务会计信息的第一手资料，这就涉及完善企业的网络财务信息管理系统，使信息使用者无论身处何方，只要手边有网络，就可以通过互联网显示的财务会计信息了解到公司的最新信息，从而实现多方位的数据共享。另外，从基层到总部的纵向披露模式要求基层财务人员汇总企业的实际财务状况，提供最基础、最完整、最原始的会计信息，由集团总部通过财务信息系统进行质的整合，以达到各部门掌握信息的一致性。由此可以看出，建立完善的财务信息管理系统，不仅能够使网络信息披露成为外部了解企业经营状况的载体和直接平台，还能够避免因下级虚报账目导致的数据混乱，对最原始信息的质量和准确度进行层层监督和把关，以确保原始数据的真实准确性。同时，这种纵向的信息传输方式使财务会计信息披露减少了多重中间环节，大大提高了信息披露的效率。

（二）披露方式之二：横向披露

顾名思义，横向披露即不同公司之间交换财务会计信息的一种方式。例如，甲公司是乙公司的供货商，甲公司需要了解乙公司的支付能力，而乙公司需要知道甲公司最原始的数据链，从而核对企业成本。这时，双方所提供

的供货单、报价单以及销售合同、付款收据等就是需要向对方披露的财务会计信息之一。互联网带来的财务会计信息披露的时效性改变了传统买卖双方重复手工录入各自信息数据的烦琐工序，一方面减少了录入数据的误差，另一方面提高了信息传输的速度。在网络信息时代，高效性为企业带来的经济利润是不言而喻的，这是互联网成为企业间进行数据交流的主要平台的决定性因素之一。另外，利用互联网进行财务会计信息的横向披露可以将一个合作对象所提供的信息与更多的买家或卖家实时共享，货比三家，优胜劣汰，大大提高企业商业运营的可选择性。当然，减少人力资本支出、改良纸质资料的低传输度、节约办公用品、提高工作效率都是未来选择互联网进行财务会计信息披露的考虑因素。

随着经济的全面发展和市场的全面开放，利用互联网所披露的财务会计信息已成为信息获取的主要来源，这也决定了互联网时代财务会计信息披露制度将逐渐成为未来财务会计信息披露的必然趋势。虽然因互联网自身的安全隐患和“互联网+”时代财务会计发展的不成熟，未来互联网环境下财务会计信息披露将有很长的创新、完善之路要走，但必然会开拓出财务信息管理的新领域。

第四节　“互联网+”时代传统会计和电算化会计的区别与创新

一、“互联网+”时代会计电算化和传统会计的区别

（一）科目的设置和使用不同

在会计电算化中，有的财务软件已经可以将科目设置到六级了，而且在使用科目时只需输入该科目的代码即可，不要求输入该科目的中文名称，在显示或打印时，可同时看到科目代码和科目的中文名称，大大减轻了会计的工作量。而传统会计将账户分为总账和明细账，其中明细账大多可以设置到三级科目，再开设辅助账户，以满足管理核算上的需要，科目的设置和使用一般为中文。

（二）账务处理程序不同

会计电算化的账务处理过程只有三个：输入、处理和输出。这个控制的重点是输入的过程，从输入会计记账凭证到输出各种会计报表都是一气呵成的。除了输入会计凭证之外，都是计算机内部操作的，人的肉眼是看不见的，所以只要可以控制好输入会计凭证这个环节，就可以很好地控制内部的舞弊和差错。这样，既可以减少会计工作人员的工作量，又可以减少企业对会计人员的需求，从而降低企业的成本。另外，企业所需要的会计资料都是计算机自动生成的，计算机内的一切数据都是可以查询的。

传统会计采用不同的会计核算形式，常用的有记账凭证核算形式、科目汇总表核算形式、汇总记账凭证核算形式等。在处理会计数据时，根据会计业务的繁简和管理上的需要，选定其中的一种形式，规定凭证、账簿和报表之间的关系，以及怎样来记账等问题，但是无论企业采用了哪种形式，都是通过分散收集、分散处理和重复登记的操作方法，所以避免不了重复转抄和重复计算这一根本弱点。多人员、多环节进行内部的牵制和相互的核对的目的是减少工作中的会计核算手续，进而减少舞弊和差错，但随之而来的是一系列重复、烦琐的问题和成本的提高。

二、“互联网 +”时代财务会计的创新：数字化

（一）通过会计信息系统内外部集成实现会计原始凭证的数字化收集与处理

企业内部形成的原始凭证如请领料单、完工入库单、废品单等，都是企业自身生产所产生的，涉及车间、生产、采购、销售、综合以及质保等部门，如果将这些部分分别进行专业化系统设计，并与会计软件系统进行对接，就会形成一个“同源数据”，实现内部数据信息化，从而减少纸质凭证的使用，达到内部原始凭证会计的数字化。

企业外部形成的原始凭证主要包括各种商业发票、事业行政收据、银行等金融机构结算单等，这些凭证的取得都是因为企业与外部单位发生业务往来。而这些业务的发生不可避免地涉及信息流、物流和资金流这“三流”。具体而言，信息流是实现资金流和物流的基础，物流是保障，资金流是实现

手段。要实现这些外部原始凭证的数字化，必须在这“三流”上采取措施。

第一，信息流，主要包括行政审批信息，各种订货、结算信息以及其他企业数据信息流等。这些信息在企业外部传递，为了减少甚至避免信息纸质化，就要采用各种电子数据交换技术，在企业间和企业与行政事业单位间建立数据交换系统，从而达到这些企业信息流的自由流动和传递。

要想采用此种电子数据交换技术，必须安装能实现计算机和平面文件在格式和翻译方面相互转换的软硬件，还需要制定统一的商业数据标准，实现不同计算机系统的交换，甚至建立增值网，以利于电子凭证的传递和接收。只有满足这些条件，企业才能跟合作伙伴建立数据交换网络，形成无纸化凭证信息的传递。

第二，物流。目前存在的主要是各种纳税发票、行政收据、交通餐饮票据等。这些原始凭证主要来源于企业外部，并使真实性和原始性得到重视。要克服这种纸质化的难题，必须采用多种技术来实现其的识别和利用。

例如，OCR图像识别技术可以通过扫描等途径提取原始凭证的内部信息，并存储于信息数据库中，这里不再赘述。除此之外，还可以采用条码技术将物流中原始凭证的诸如企业名称、物品信息、日期等信息数据录入和采集，形成独特的“身份证”；可以采用射频技术，用射频标签代替各种发票明细等原始凭证，并通过阅读器实现对物品的登记、操作、跟踪和监控。

第三，资金流。企业的交易最终都要以资金流的形式实现现金收付，表现形式多以纸质的银行支票、对账单、经营收据为主。在网络环境下，建立一个企业与银行的网上银行支付系统，电子货币、电子支付就能大大降低交易的纸质化，从而实现资金流的数字化。

（二）通过会计原始单据网上报销系统实现原始凭证的数字化收集与处理

会计原始单据网上报销系统是在完善的互联网的基础上实现财务的在线报销流程。这种流程使传统的领导亲笔审批报销模式转变为网上电子签名报销模式，通过网络传递填写好的标准化报销单据，进行流程化的业务审批和网络化的财务审核，使财务报销实现了跨地域、跨时空、跨部门进行流转。同时，该模式引进了电子商务理念，通过网络报销、银行网络、账务处理和预算管控来组织理财。这种网上报销模式不仅使会计原始单据报销纸质化成为过去，还掀起了会计档案数字化改革的新突破。

首先，会计原始单据网上报销系统实现了从员工提交报销单到领导审批单据再到财务审核入账的全过程数字化。员工可以在网络环境下更加简便、更加高效地填写并提交报销单据（这种灵活性是基于员工信息、报销信息的系统设定，并结合了企事业的差异性，还满足了扩展性）；领导可以主动或被动地对提单进行动态的审批（这种动态性是基于系统对工作流程、审批流程的灵活动态定义和控制，并对审批的级别和登录方式进行了预设）；财务可以简单自动核对并制证，改变了传统填制纸质报销单请领导审批报销的烦琐做法。

其次，这种网上报销系统实现了员工信息的管理（员工常用信息、调动和账户更改信息等）、报销单据的查询（按预设模式或不同用户类型模式进行个人信息查询、报销记录查询、单据审批状况查询等）、账户信息管理（查询报销历史、借还款记录和工资信息查询等）。此外，系统还能出具效率分析报表，对报销流程的各环节效率做出总结和分析。

最后，网上报销系统实现了和财务系统对接，主要涉及财务管理和银行管理的接口问题。网上报销将大量的已审批的报销信息导入财务账务处理模块，实现了与主流财务系统的对接，而财务系统为保证数据的准确性，对这些数据进行事先处理，如对系统生成的信息进行审核和必要的补充，还保持了信息的完整状态。财务系统形成的凭证资料与需要支付的资料一并传递到银行管理系统，这些准确的付款信息可以轻松形成网上银行要求的接口文件，并通过付款完成交易。

网上报销系统起着信息收集的作用，它完成了数据的归拢、规范、共享和集成，形成了系统的对接和数据的一致性。具体而言，它将审批后的费用信息以及相关数据并行导入财务资金系统、账务管理系统和银行接口系统，保持了三者数据的相互核对和一致性，从而实现了会计原始凭证的数字化。

（三）通过开发和利用网络环境下的财务会计软件实现会计原始凭证的数字化收集与处理

会计原始凭证的取得和处理对企业财务软件来说是业务处理的第一步，而如何在第一步就能获得数字化的会计原始凭证或是处理过的数字化凭证成为会计档案数字化管理的基础和前提。网络环境下的财务会计软件以电子商务的模式实现财务核算的网络化，为会计原始凭证的数字化提供了帮助。

首先，网络环境下的财务会计软件作为企业在网络环境下和电子商务条件下进行会计核算和财务管理的工具，能够提供从财务上整合实现电子商务的各项功能，即完成网上的销售、订购、采购、付款、会计处理以及交易资料的记录、传递、认证、汇总与作业管理，实现企业与供应链间信息的交流和产销的整合。这些活动所产生的电子文件和数字凭据就是企业会计数字化原始凭证。

其次，网络环境下的财务系统可以实现内部数据的一体化数字处理。不但供产销存的业务能实现财务和业务同步数字化处理，成本数据核算也能自动提取数据，实现有效的成本控制。这些内部数据的一体化处理达到了会计原始凭证的数字化要求。

最后，网络环境下的财务系统可以实现在线处理机制。在互联网环境下，电子化表单形式的电子票据成为在线交易的一种凭证，这种票据的使用使各项业务实现了网络化和自动化。并且，电子票据不仅可以在企业内网中接收、处理和发送，还可以在外网中登录调用、进行财务操作处理，从而使企业的财务核算实现了网络化的信息传递，让企业订货、销售和信息处理实现了数字化。

第三章 “互联网 +”时代财务会计信息系统的安全防范

第一节 “互联网 +”时代财务会计信息风险防范类别

随着网络和信息技术的不断进步，网络经济迅猛发展，传统的会计核算方式已经无法满足现代会计核算的需要，“互联网 +”时代财务会计信息系统正在不断得到完善和发展。由于工作环境、工作流程、操作方法、结算方式等方面的改变，网络财务必须要有信息系统的支撑才能正常运转。由于信息系统的开放性，网络财务信息系统的安全更易受到威胁，具体如下。

一、根据风险形成的原因分类

（一）系统物理风险

任何计算机系统都存在由于操作失误，硬件、软件、网络本身出现故障而导致系统数据丢失甚至瘫痪的风险。同时，在互联网 / 内联网结构的会计信息系统中，由于其分布式、开放性、远程实时处理的特点，系统的一致性、可控性降低，一旦出现故障，则影响面更广，数据的一致性更难保障，系统恢复处理的成本更高。系统物理风险包括以下几种：①计算机网络会计系统硬件选配不合适，致使网络功能发挥受阻；②网络工作环境、电源等不合要求，直接影响网络的可靠性；③网络设备安装不规范，导致网络运行不稳定；④网络设计不规范，缺少风险防范措施；⑤网络操作系统及会计软件的安装、维护不善；⑥网络管理制度不健全；⑦对计算机病毒的侵蚀不重视，没有采取必要的防范措施。

（二）内部人员道德风险

内部人员道德风险主要是指企业内部人员对会计数据的非法访问、篡改、泄密和破坏等方面的风险。网络安全的最大风险仍然来自组织内部。据统计，大部分的非法闯入者来自内部雇员。因此，内部控制仍然是基于“互联网 +”时代财务会计信息系统控制的基础。由于互联网 / 内联网结构本身的特殊性，其内部控制远远超出了以往计算机系统的范畴，已从会计机构内部扩展到对整个企业内部人员的控制。

（三）电子数据交换风险

电子数据交换风险是指在企业与交易伙伴通过互联网进行数据交换的过程中，交易伙伴非法侵入企业内联网，以剽窃财务数据和知识产权、破坏系统、搅乱某项特定交易或事项等所产生的风险。这些交易伙伴包括客户、供应商、合作伙伴、软件供应商或开发商，也包括银行、保险、税务、审计等社会部门。企业与这些伙伴存在着特殊的业务和数据交换关系。过去，这些企业各自的计算机系统在物理上基本是隔离的，也有部分企业与交易对方之间采用专用增值网（VAN）实现电子数据交换（EDI）。在互联网条件下，为适应竞争发展需要，企业与交易伙伴必须建立统一的外联网（Extranet）。所谓企业外联网，是指用企业内联网的技术和标准，把外部特定的交易地点和合作企业连接起来构造的合作网络，它实际上是一个虚拟企业应用平台。在外联网内，企业之间的数据查询、数据交换、服务技术既可通过互联网实现（松散型关系），也可通过虚拟专用网（VPN）实现（紧密型关系）。因此，无论是从业务联系还是从网络联系上看，我们都可把外联网范围内的企业看成一种特殊的内部关系。特殊的内部联系也使企业相互间道德风险的发生成为可能，尤其是像软件供应商或开发商这样的相关者，由于其对企业内联网的控制结构一清二楚，在接受网上技术支持和维护的同时，实际上向对方敞开了系统控制的大门。

（四）网络安全风险

任何一个有效的管理信息系统的应用都必须借助网络，因此计算机病毒在系统的应用过程中很难完全避免。如果仅是系统用户的个人计算机感染病毒，只会使该用户的计算机无法正常使用，其危害还比较小；一旦会计信息系统的服务器感染了病毒，轻则会影响会计信息系统的正常使用，严重的会造成会计信息系统数据丢失，导致整个系统崩溃，其危害的严重性不言而喻。在网络会计信息系统的应用中，许多企业都没有建立成熟的安全管理机制，而会计信息系统承载着企业核心的财务数据，一旦被截取或恶意篡改，企业所遭受的损失是不可估量的。除了安装杀毒软件外，在企业与网络供应商提供的线路出口处安装硬件防火墙是控制网络安全风险必不可少的手段。通过在防火墙上配置严密的访问策略，既能够拦截广域网中对企业局域网的恶意攻击，又能够很好地限制局域网内用户对 Internet 的访问，保证企业局域网的安全稳定运行。

（五）舞弊风险

在“互联网+”时代的财务会计信息系统中，通过签字盖章确认会计信息的传统手段已不再使用，取而代之的是以电子数据的形式进行传输和存储。无论是客观的错误操作还是人为进行的恶意篡改，都会严重影响财务会计信息的真实性和完整性。舞弊风险可以通过先进的访问控制技术和完善的日志记录功能来避免。

二、根据对财务会计信息的影响分类

（一）财务会计信息保密性风险

从技术上说，任何传输线路都可能被“窃听”。对于财务会计信息窃听而言，不仅可以窃听信息的内容，还可以在不了解信息内容的情况下窃听信息的流量和流向、通信的频度和长度，由此推定有用的信息。对财务会计信息的截取还包括合法用户采用不正当的手段读取本人权限之外的信息。对财务会计信息保密性的破坏属于被动型的破坏，并不改变财务会计信息的内容、形式与流向。

（二）财务会计信息完整性风险

对于“互联网 +”时代财务会计信息系统而言，财务会计信息完整性的破坏是系统的主要风险。对财务会计信息完整性的破坏有人为和非人为的因素。非人为因素表现在通信传输中的干扰、系统硬件或软件的差错等。人为因素包括有意和无意两种，其中有意者如非法对计算机网络会计系统的侵入、合法用户越权对网络内会计数据的处理以及隐藏程序对会计数据的破坏等。对财务会计信息完整性的破坏属于主动型破坏，可以篡改财务会计信息的内容、形式与流向。

第二节　“互联网 +”时代财务会计信息系统存在的安全问题

网络技术的日趋成熟改变了整个社会经济的生产结构和劳动结构，打破了传统的企业管理模式和财务管理模式。“互联网 +”时代财务会计信息系统可以实现远程财务处理、在线财务管理、提供远程报表、远程查账、网上支付、网上财务查询等功能，最终实现企业物流、资金流、信息流的高度一致。在“互联网 +”时代，财务会计信息系统作为企业最重要的一个部分，其安全性不容忽视。这是因为一个企业成败的关键在于管理，而管理的核心在于财务。企业的会计数据往往属于重大商业机密，如果会计信息遭到破坏或泄露，将造成不可估量的损失。因此，我们必须保证网络会计信息系统安全、可靠、有效，这就需要强化对网络会计信息系统的管理，严格进行控制。本章先对网络会计信息系统安全性现状进行分析，在此基础上挖掘当前网络会计信息系统所存在的主要安全问题。

一、“互联网 +”时代财务会计信息系统安全现状

“互联网 +”时代财务会计信息系统具有开放性、共享性及实时性的特点，改变了传统会计信息系统的封闭式环境，所以除了传统会计信息系统所具有的风险外，其还易遭受外部环境（如黑客、病毒）的攻击。“互联网 +”时代财务会计信息系统安全的实现离不开国家的信息化建设，而信息系统安全建设是实施信息化的重要因素。总体来看，目前会计信息系统的安全建设

较为落后，而了解会计信息系统的安全现状，有助于我们发现网络会计信息系统存在怎样的安全隐患。

（一）各自为政，成为信息孤岛

企业在建立现代会计信息系统时缺乏总体和长期规划，盲目求大求全。有些企业不太重视网络技术在企业的应用，缺乏总体和长期的信息系统建设规划；各单位、部门各行其是、分散开发，各自购买或开发一些软件，在企业中形成一个个信息孤岛，这些将阻碍企业进行联网和集成。

（二）安全防范意识弱

多数企业安全防范观念差、安全防范意识弱，对安全防护、检测缺少全面和辩证的认识。大多数企业仅从防护角度采用保密通信、防火墙、安全路由器和一些低安全级的网管产品，缺乏必要的安全检测。即使采用安全检测，也多是对“已知漏洞”和“已知攻击”进行的检测，而且在这个基础上的安全检测并未普及。

（三）系统与产品的安全级别低

我国信息系统与产品的安全级别普遍是 C2 级及以下级别的产品，且在所使用的这些硬件、软件产品中，国产的比例极低。比如，各种计算机主机、各种数据库、各种应用系统的访问控制机制中采用国产专用、集中式授权产品的普遍低于 10%。

（四）信息系统的安全建设与管理不系统、不规范

（1）国家标准、法律法规不健全。国家在信息系统建设和安全设计方面无统一的指导性意见，国家标准制定严重滞后，存在法律漏洞和非一致性。

（2）企业的安全规划与建设缺乏策略指导。由于目前多数企业的安全防范意识较弱，企业在进行信息系统的安全建设时缺乏安全思想、安全策略的指导。

（3）构成信息系统的计算机网络结构的各个层次存在严重的安全防护漏洞。主要表现在以下几个方面。第一，企业信息系统采取防病毒产品的很

少。即使国有商业银行，有计算机病毒防护产品的也仅占 5.11%；通信安全具有严重的不安全因素。第二，电信网络本身安全级别低，而且电信网络不负责对企业营运系统提供安全访问控制。在 2000 年全国银行计算机安全检查中发现：在使用的密码通信中，有 85% 采用软件加密方式。第三，许多企业信息系统的网络层缺少必要的安全防护、检测和反应措施。从对 3 807 个金融机构进行检查的结果看，有 2 372 个机构的内部网络与公共网连接，内部网与 Internet 之间有防火墙的仅为 3.4%，有集中式授权系统的网络为 26%，有集中式鉴别系统的网络为 13.7%，有网络系统实时监控系统的为 0.74%。可见，除了没有统一的网络安全平台之外，很多机构连最基本的网络安全防护措施也未落实。

（4）应用层安全功能不规范，缺少安全设计。某些企业信息系统在设计之初就缺少相应的安全功能，连基本的访问控制和加密措施都没有，数据结构混乱，信息交换困难，程序运行不稳定，容错能力差。某些企业的系统则在设计之时由于思路不清、重复开发导致模式不统一，不能形成统一的公共安全平台。

（五）未建立安全管理体系

企业内部缺乏信息安全监督机制，各单位、部门、岗位的信息安全管理职责及相互间的协作和制约关系未系统化地建立起来。部分企业的计算机安全管理组织有名无实，无明确的准则，不能履行职责，即使有章也不遵循，有法也不依，制度不落实。从事信息安全管理的人员数量过少，有些企业没有信息安全管理机构和专业人员。

二、“互联网 +”时代技术层面的安全问题

企业在会计信息系统的运营过程中存在不少的安全隐患，这些安全问题通常表现在以下三个方面。其一，系统资源风险。计算机系统本身具有脆弱性，当硬件、软件和网络本身出现故障时，极易导致系统数据丢失，甚至瘫痪的风险。网络的开放使网上的任何一个用户都能很方便地访问互联网上的信息资源，从而很容易获取一个企业、单位及个人的敏感及保密信息。网络财务软硬件自身存在缺陷，基本的硬件设施是保证网络正常运行的物质条件，配置不完善或配置不当都会影响网络信息的流通，严重时会导致网络的

瘫痪，使财务数据得不到正确或完整的处理，甚至使数据丢失。网络财务软件的脆弱性同样制约着网络财务的发展，网络财务软件的运行环境是互联网，其在运行的过程中的正确性和有效性通常受到计算机软硬件基础和技术故障的威胁：一是计算机系统故障带来的威胁；二是财务软件自身的设计不够安全和完善。网络财务软件需要具备通用性强、有灵活性、能适应各种分析需求、国际可比性强以及能够跟上财务形势政策的变化等特点，而能够达到这些要求的软件目前并不多见。其二，信息数据的安全稳定性难以保障。在当前我国的企业管理体系中，对信息系统操作掌握程度较深且兼备财务会计技能的多方面素质人才比较匮乏。当前的会计人员安全意识比较薄弱，如缺乏必要的网络安全防范措施，对网上下载的电子邮件或会计信息资源不做安全性技术检查、测试，或仅仅简单地用自己的生日或电话号码做密码，这些都会引起安全性问题；企业内部人员对会计数据的非法访问、篡改、泄密和破坏、更改或删减也加大了会计信息系统的安全隐患。其三，系统信息的存档问题。在网络化系统当中，计算机病毒不再主要靠磁盘或者光盘传播，而是开始通过网络传播。随着网络的迅猛发展和广泛应用，计算机病毒的传播呈现渠道多样化、速度快捷化的特点，危害越发加剧，而会计信息要保存在计算机系统的硬盘、U 盘等软件内，这使其面临很大的威胁。总而言之，企业内部会计信息系统仍存在很多亟待解决的问题和隐患。

三、“互联网 +”时代内部控制安全问题

当一个企业进行财务内部控制时，主要的工作内容是根据企业制定的财务战略、政策以及基本的财务规划来制定相关制度，以强化企业各部门的执行落实，并对部门的财务活动进行监督和管理，完善企业的内控机制。通过财务内控管理，企业可以优化自身的资源配置，从而有效提升企业的工作效率和管理效率。近年来，随着我国经济的发展，许多企业迅速做大。由于一些企业的管理并没有跟上企业规模的发展速度，管理问题开始暴露出来。当前，部分企业最为关键的问题是在加强会计信息系统的内部控制上还缺乏一定的认知和了解，对会计信息系统的了解不够全面。虽然企业领导者和管理者反复强调加强会计信息系统防范能力的问题，但在实际工作中并没有采取切实有效的监督管理手段，会计信息系统的内部控制无法贯彻落实。还有部分企业管理者把会计信息系统的内部控制简单看作企业上级领导对下属员工

的管理和控制手段，对信息系统内部控制的具体实施缺乏全面、系统的研究。如果这些企业不及时采取有效的防范措施，就很有可能会阻碍自身的运营与发展。

当前，企业财务内部控制存在的问题表现为仍然把财务核算作为工作的主要内容。企业财务会计还局限于传统意义上的报账、记账、核算、列报等外部报告，企业财务用于分析历史数据、挖掘数据信息和统计规律的时间资源很少，数据价值得不到深入挖掘，难以将其利用于管理决策。具体来看，问题主要表现在以下几个方面。

（一）内部治理结构不完善

为了保证企业的内部控制能够正常执行，企业必须要有完善的内部治理结构作为基础。近年来，我国的企业已经很大程度上优化了内部治理结构，但是原有的结构和做事方法依然在企业中产生着决定性的影响，其中最大的特点就是企业的经营管理权力依然被少数企业高层把持，企业在进行决策时，高层的主观喜好会对决策方式产生绝对影响。如果依照现代公司治理结构，企业风险管理和内部控制的核心是董事会，内部控制也由董事会进行统筹安排。但对于缺少董事会制度的我国企业而言，很多董事会成员都是公司人员，这使企业的财务内控制度难以有效制定和落实。这种充满随意性和主观性的决策方式使企业常伴随着巨大风险，很有可能造成巨大的经济损失。

（二）缺乏高质量的财务数据信息

企业有效实施内部控制的另一个基础是企业的财务数据信息，这个信息可为企业的财务内控提供依据和指标。我国经济总量的提升使企业的经营规模不断扩大，企业的财务信息数量也变得比以前更多、更复杂。企业要做好内控，必须用高效的手段对财务信息数据进行管理。但在当前，依然有企业采用原始的手工录入方式进行财务信息的核算，不仅效率低下，还易因人为失误而造成工作误差，导致得不到高质量的数据，无法满足企业内控的要求。

（三）财务内控体系不完善

能够将财务内部控制工作落到实处的企业都有一套健全的财务内部控制体系，但是由于一些企业经营管理理念比较落后，其财务内部控制体系不完善或者并没有制定，或者没有采用现代企业制度进行企业内部管理，导致财务内部控制无法有效实施。还有些企业所采用的内部控制管理体系是落后的记账式，仍然用传统的会计管理、预算监督方式，这使企业的内部控制管理与企业的经营相分离，无法有效发挥作用，缺少明显的管理效果。对于一些大型企业而言，由于有很多不同部门或者子公司，其在进行内控管理时会有大量层级，再加上很多部门相对独立，造成了不同部门、子公司都有自己独有的财务内控方式，这并不利于企业进行统一管理。

四、“互联网+”时代财务信息安全问题

财务信息是反映企业财务状况和经营成果的重要依据，特别是涉及企业内部商业机密的财务信息，不得随意泄露、破坏和遗失。在网络环境下，过去以计算机机房为中心的“保险箱”式安全措施已不适用，大量的财务信息通过开放的Internet传递，置身于开放的网络中，存在被截取、篡改、泄露等安全隐患，很难保证其真实性与完整性。随着企业采购范围的扩大，尤其是电子采购范围的扩大，犯罪分子的作案范围不再受时间和空间限制，互联网环境下财务信息安全受到了严重的影响。

（一）数据管理模式问题

“互联网+”时代下的程序以及数据库中的相关信息的资产所有权和数据管理权都是相对区别开来的，这就要求使用者在使用网络访问和运行数据信息的时候主动积极地管理自身的资料信息。如今的很多使用者经常会为数据的安全性考虑过多，试想一个会计把企业的数据上传到了云端和其他的网络载体进行存盘，这种做法必然会在上传和下载数据信息的过程中产生很大的风险。会计使用终端在下载和传输数据时长时间处于在线模式，一些网络窃听者以及非法分子正好利用这个机会乘虚而入，这无疑对金融机构的网络和企业的财务网络造成了巨大的损失。

（二）信息安全技术不完善

国内的云会计发展还处于摸索的状态，信息安全和专业技术方面还有待加强，不太完善的网络信息安全技术在会计通过信息网络传输、存储以及运行数据时，不能非常安全地保护其用户信息资料不被泄露，加之我国的网络具有非常复杂的特性，云计算环境下不完善的会计数据安全技术使整体的会计数据信息不太完整和安全，由此产生了商业网络信息频繁被盗窃的情况，严重制约了云会计的健康、快速发展。

五、"互联网 +"时代财务会计人员素质问题

（一）文化素质参差不齐

"互联网 +"背景下会计人员文化素质参差不齐，接受研究生及以上学历教育的人员严重不足。其原因如下：首先，一些从业者接受高学历教育的意识淡薄，较容易满足目前的工作状态，缺乏职业规划和敏感度，业务水平较低。一些资格较老的会计习惯传统方式，缺乏对现代财会软件的学习。这很大程度上限制了大数据的应用和"互联网 +"会计的推进。一些已配备财务软件的单位也因人员业务能力问题而难以发挥作用。其次，思想观念比较守旧，片面认为经验比知识更重要，对职业理论及科学文化知识并无太高追求，由此导致其创新能力不足，跟不上时代发展的步伐，无法适应"互联网 +"会计模式。再次，受传统文化"德先艺后"影响较深。会计这个职业在社会和用人单位中得不到足够重视，地位低微，一直以"账房先生"的形式存在。这使会计人员对提高自身素质期望较低。最后，用人单位不太重视文化素质的培养与建设，缺乏对会计职业的长远规划，对职业关注度较低，工资待遇方面有待提高。

（二）会计人员供需关系不平衡

对会计人员供求关系不平衡，地区、行业分布不均的原因的研究发现：首先，国内经济发展不平衡以及行业发展水平差异直接导致会计人员地域分配不均、行业分配不合理的现状。由于高校分布过度集中，师资力量投入不协调，会计专业毕业生就业选择地存在局限，不利于会计人才的合理流动。

其次，官方缺乏对会计人员规范管理和会计人员信息库的建立，缺少对管理型会计人员的培养、分配的引导。再次，用人单位缺乏对会计人员应有的关注，在当前财务业务一体化的进程中认识不到会计人员“领航员”的重要意义。除此之外，用人单位对会计人才缺乏完善的激励体制，没有科学的绩效考评制度，难以调动会计人才的积极性。最后，会计人员自身原因。随着现代互联网技术的发展，许多会计用人单位已将财务工作与互联网技术相结合，但仍然存在会计人员专业知识掌握不牢、业务操作不熟练的情况，导致有些财务工作仍停留在基础阶段。

第三节 “互联网+”时代财务会计信息系统安全问题的产生因素

“互联网+”时代财务会计信息系统是一种内联网结构的系统。所谓企业内联网，是指企业应用互联网的技术和标准，如TCP /IP通信协议等建立的企业内部信息管理和交换平台。企业内联网通过互联网为企业与客户、供应商之间，企业与银行、税务、审计等各部门之间建立开放、实时的双向多媒体信息交流环境，使企业会计与业务一体化处理并实时监控。然而，由于互联网/内联网系统的分布式、开放性等特点，系统的安全性问题更加突出。以下是导致“互联网+”时代财务会计信息系统出现安全问题的主要因素。

一、“互联网+”时代财务会计信息硬件系统的不安全因素

硬件是指计算机系统各种实体部件的统称，是整个会计信息系统的物质基础。如果硬件设备发生故障，轻则使工作无法进行，重则使整个设备瘫痪，造成巨大的经济损失，甚至导致灾难的发生。硬件资源易受到自然灾害和人为破坏，并且对环境条件范围都有技术要求，违反规定就会使可靠性降低，不断出现各种故障。

（一）硬盘

硬盘是计算机中非常重要的一个部件，它里面储存着大量的重要数据，一旦损坏，将给用户带来无法弥补的损失。所以，应经常对硬盘进行整理，

及时清除硬盘中的垃圾文件。如果发现硬盘有响声等异常情况就要引起注意。一般在平均无故障时间之前更换硬盘为好。

（二）存储器

存储器是一个对射线、电磁场等不可见的射线十分敏感的部件。若计算机周围有比较强的射线存在，则可能改变芯片的内部数据，致使存储器发生错误，且这类问题很难检测。目前，仅装有奇偶检验存储器的服务器系统可识别出被损坏的代码段，并防止其在系统中运行。

（三）其他设备

计算机其他部件的损坏一般只会影响正常工作而不会影响系统中的数据安全。

另外，在计算机网络中使用的网络硬件，当各种数据在计算机中产生并被传送到网络上，且在机器之间高速传输，用来连接计算机的线路会受到电磁波的干扰和物理损伤时，将导致数据在产生和传输的过程中损坏或丢失。这些故障主要有以下几点。

（1）线路故障。此类故障表现为线路不通，并不损害数据。诊断此种情况，先应调查该线路上的流量是否存在，然后用 Ping 来检查线路远端的路由器能否响应，用 Traceroute 来检查路由器配置是否正确。逐个查找，逐个解决。

（2）路由器故障。在网络连接中，路由器 CPU 的利用率过高或路由器中的缓冲区太小就可能被备份操作阻塞，进而导致数据包丢失。反之，若路由器中有大量的缓冲容量，那么高强度的信息流量造成的延时极有可能导致会话超时。两者都可能影响网络服务的质量。建议采用一种 CPU 的利用率和缓冲区大小比较适中的路由器。

（3）主机故障。常见的主要故障是主机的配置不当，如主机配置的 IP 地址与其他主机的 IP 地址冲突等。

二、“互联网+”时代财务会计信息软件系统的不安全因素

软件是指计算机系统中各种程序和文档资料的统称，其作用是指挥计算机工作和发挥计算机的功能。软件系统的正确选型和配置是网络财务系统安

全运行的关键。如果软件选型不当，或未及时升级软件补丁，安全配置参数不合格，就会降低软件安全运行的等级和效率，出现安全漏洞，易受到外来攻击破坏，甚至出现正常的电子记账都无法实施的安全风险。根据会计信息系统的特点，这里主要从以下六个方面分析软件系统的安全性问题。

（一）操作系统

操作系统的功能是对计算机系统的硬件和软件进行全面的管理和协调。用户只有通过操作系统才能完成对计算机的各种操作。它是整个信息系统的核心控制软件，系统的安全性体现在整个操作系统之中。目前，多数操作系统支持多道程序设计和资源的共享，能够对计算机的硬件资源和软件资源实行统一的管理和控制。正因为操作系统有如此重要的功能，才容易受到攻击。

（二）会计软件

企业所使用的会计软件有两种来源，一是自行开发的会计软件，二是购买通用商品软件。对于自行开发的会计软件，在开发的过程中，系统分析和设计人员就得考虑软件的安全性，开发设计出高质量、高技术水平的软件。如果设计的软件在运行当中经常死机或非法中断，势必影响会计信息系统的数据安全性。

（三）数据库系统

数据库系统分为服务器数据库系统和桌面数据库系统。服务器数据库系统主要有 DB2、SyBase、Oracle 和 SQL Server 等，适于大型企业的应用；桌面数据库系统主要有 Access、Foxpro、Pradox、Betrieve 等，适于数据处理量不大的中小型企业应用。不同的会计软件基于不同的数据库系统，有些数据库系统具有安全控制措施，可以防止非法人员打开、窃取、删除、篡改数据，企业可按自身业务量大小、会计软件要求的条件来选择安全性比较强的数据库系统。但有时，非法人员会绕过系统直接对数据库中的数据进行非法操作，如篡改、删除、复制等。那些将原始数据以明文形式存储于数据库中的行为是不够安全的，必须对存储数据进行加密保护。

（四）数据中心

我们一般把财务系统的主机放置在数据中心。如此，数据中心的物理安全就成了风险的又一来源。数据中心的消防设施、冗余电源及门禁控制是我们必须重视的防范财务风险的几方面内容。很多单位对这些不是很重视，数据中心没有统一的管理控制，对进出数据中心的人员也没有限制，这极易导致敏感财务数据从数据中心被窃取出来，对企业造成损害。

（五）黑客、病毒等攻击

（1）黑客攻击。黑客攻击的方法很多，但是其多是利用计算机软件和计算机网络方面存在的一些漏洞，采用非法获取系统的最高管理权限或在同一时间向目标系统发送超过正常数据段大小的特大数据包，使服务器无力处理，从而造成系统崩溃。①特洛伊木马。特洛伊木马是一种十分有效的攻击力量，最早出现在 Unix 操作系统中。当时的黑客伪造了系统的登录界面，骗取系统管理人员的密码，以此达到攻击的目的。②非法数据直接攻击。这类攻击主要利用系统设计错误进行攻击，使被攻击的计算机死机或者变得很缓慢以致崩溃，从而干扰系统的正常运转。

（2）计算机病毒。计算机病毒是具有自我复制能力的计算机程序。它能影响计算机软件、硬件的正常工作，破坏数据的正确性与完整性。它具有传染性、寄生性、隐蔽性、触发性、破坏性等特点。比如，最著名的计算机病毒 Internet 蠕虫就能够在整个 Internet 上进行传播。

（3）计算机电磁波辐射。计算机电磁波辐射主要涉及四个方面：主机辐射、显示器辐射、通信线路辐射、输出设备辐射。计算机是依靠高频脉冲电路进行工作的，由于电磁场变化，必定向外辐射电磁波。这些电磁波会带出计算机的一部分信息，在一定的范围内，通过相应的设备就可以接收到电磁波，并获得一定的信息，从而导致失密现象的发生。

（六）财务会计档案

电算化会计档案包括存储在计算机硬盘中的会计数据、以其他磁性介质或光盘存储的会计数据和计算机打印出来的书面等形式的会计数据，如记账凭证、会计账簿、会计报表等。会计档案的备份不当是一个重大的安全隐患。由于备份策略和方法不科学，很可能造成备份资料失去时效性，或者发现由于备份介质没有保存在恒温恒湿的环境中，备份磁带已经失效，造成不可挽回的损失。

三、"互联网 +"时代财务会计信息系统安全控制制度不完善

在网络环境下，计算机能够将许多不相容工作内容自动合并完成，会计信息系统容易形成内部控制隐患。如果不能有效地定义和实施会计岗位的分工和相互监督，操作人员可越权篡改程序和数据文件，通过对程序非法改动，导致会计数据不真实、不可靠，以此达到某种非法目的。因此系统管理员、数据录入员、数据管理员和专职会计员等岗位分工不清是造成会计信息不安全的重要原因。正是由于网络会计信息系统数据的开放性、共享性及自动集成，如果没有完善的内部控制制度，可能由于操作人员一个人的差错，会导致整个系统错误的信息，甚至给企业带来巨大损失。财会人员专业素质和道德品质也是企业内部控制的一大隐患。这里主要是指由于财会人员专业素质及道德品质的缺失而在会计信息进行记录、维护、处理和报告过程中所带来的风险，主要可表现为输入过程中对交易或事项的虚构或篡改、信息加工过程中会计人员职业判断的失误或操作误差、数据输出错误等方面。

四、"互联网 +"时代财务会计信息系统相关人员的道德风险

网络安全的最大风险仍然来自组织内部人员对会计数据的非法访问、篡改、泄密和破坏等方面的风险。因此，内部控制已从会计机构内部扩展到对整个企业内部人员的控制。网络会计信息系统的关联方也存在着道德风险。网络对会计最直接的影响体现在财务报告由纸质向网络形式的迅速转移，越来越多的企业通过政府指定网站或者自己的门户站点强制或自愿披露会计信息，以更好地满足社会各方对企业会计信息的需求。网络会计信息系统和社会部门的关联又引入了新的安全风险，如企业的关联方既包括客户、供应商、合作伙伴、软件供应商或开发商，又包括银行、保险、税务、审计等社会部门。企业与这些关联方存在着特殊的业务和数据交换关系，有部分企业与关联方之间采用专用增值网（VAN）实现电子数据交换（EDI）任务，也有的关联方与企业建立统一的外联网（Extranet）。在外联网内，企业之间通过互联网进行松散型的数据查询、数据交换、服务技术等。因此，无论从

业务联系还是从网络联系上看，外联网范围内的企业都存在着一种特殊的关系。这种特殊关系使相互间道德风险的发生成为可能。由于互联网没有国界和时空的限制，来自社会上的道德风险几乎不可避免。社会不法分子对企业内联网的非法入侵和破坏主要包括来自网上的信息截收、仿冒、窃听，黑客入侵，病毒破坏等。据报道，反病毒专家截获过一种专门盗取某网上银行用户名和密码的木马病毒，这种病毒竟能绕过 Microsoft 安全控件和网上银行的 CA 证书，并在用户计算机中创建可执行文件、修改注册表，从而轻易窃取用户的账号和密码。

第四节 "互联网 +"时代财务会计信息系统安全防范对策

一、"互联网 +"时代财务会计信息系统的内部控制

由于企业规模的不同，网络会计信息系统的应用模式也不同。一般可分为三类：第一类是独立内联网结构的应用系统；第二类是异地内联网结构的应用系统（适于有异地分支机构的集团型企业）；第三类是外联网结构的应用系统（适于联盟型虚拟企业）。不管是哪一类型的系统结构，其系统组成的基础都是企业的内联网（包括分支机构的内联网）。因此，网络会计信息系统的内部控制主要是内联网系统的控制。

（一）日常操作系统管理控制

一是制定上机操作规程。主要包括软硬件操作规程、作业运行规程和用机时间记录规程等。二是加强系统人员的操作管理。人作为系统主体是网络发展的基本动力和信息安全的最终防线，人员操作管理的重点是权限控制。系统管理员被赋予超级用户管理权限，主要负责系统硬、软件的管理维护和网络资源分配，操作人员应按照被授予的权限严格作业，不得越权接触系统，系统程序员不得进行业务操作，以避免人为因素或操作不当给操作系统带来不必要的损失和风险。三是建立计算机资源访问授权和身份认证制度，即明确每个用户的安全级别和身份标识，并分别定义具体的访问对象。四是

建立安全稽核机制。对系统操作的事件类型、用户身份、操作时间、系统参数和状态以及系统敏感资源进行实时监控和记录，进行必要的权限设置，以便对各种不同的权限进行用户识别和远程请求识别。五是设置安全检测预警系统，即实时寻找具有网络攻击特征和违反网络安全策略的数据流，实时响应和报警，阻断非法的网络连接，对事件涉及的主机实施进一步追踪，创造一种漏洞检测与实时监控相结合的可持续改进的安全模式。

（二）会计数据保密控制

会计数据保密就是通过对用户与会计数据的处理，利用一种强有力的算法编码技术，将数据变换成只有经过一定的解密措施之后才可读的密码形式来保护那些保存在磁盘上的会计数据和传输的信息，使有意或无意的攻击者与未经授权的用户无法访问会计数据，从而保证会计数据的安全。通常完成对会计数据的保密性控制可以通过以下几个措施来实现。

1. 对用户进行分类

在企业内部及企业外部有不同的信息使用者，由于他们的身份不同，以及他们对获取的会计信息要求不同，我们有必要对这些用户进行分类，以保证不同身份的用户获取和他们身份与要求相符的会计信息。通常，对用户分类是通过对用户授予不同的数据管理权限来实现的。一般将权限分为三类，即数据库登录权限、资源管理权限和数据库管理员权限。只有获得了数据库登录权限的用户，才能进入数据库管理系统，才可以进行数据的查询，以获取自己所需的会计数据或会计信息，但其不能对数据进行修改。而具有资源管理权限的用户，除了拥有上述数据访问权限之外，还可具有数据库的创建、索引及职责范围内的修改权限等。至于具有数据库管理员权限的用户，其将具有数据管理的一切权限，包括访问其他用户的数据，授予或收回其他用户的各种权限，完成数据的备份、装入与重组以及进行系统的审计等工作。但这类用户一般仅限于极少数的用户，其工作带有全局性和谨慎性，尤其对于会计信息系统而言，会计主管就是一个数据库管理员。

2. 对会计数据分类

虽然对用户进行了分类，但并不等于一定能保证用户都根据自己的职责范围访问相关会计数据。这是因为同一权限内的用户对数据的管理和使用的范围是不同的。比如，会计工作中的凭证录入人员与凭证审核人员的职责范围就限定了他们对数据的使用权限。因此，数据库管理员必须根据数据库管理系统所提供的数据分类功能将各个作为可查询的会计数据逻辑上归并起来，建立一个或多个视图，并赋予相应的名称，再把该视图的查询权限授予相应的用户，从而保证各个用户所访问的是自己职责范围内的会计数据。

3. 对会计数据进行加密

一般而言，上述的保密技术能够满足一般系统的应用要求，但是对于会计信息系统而言，仅靠上述的措施仍然难以确保会计数据的安全。为了防止其他用户对会计数据的非法窃取或篡改，还必须对一些重要的会计数据进行加密处理。由于数据的加密技术完全是一种数据库的处理技术，在此不再赘述，但要说明的是，在进行会计数据加密时，有关的关键字段如会计软件中常用的科目代码字段及进行关系运算的比较字段不能加密。

（三）会计数据资源控制

数据库系统是整个系统控制的主要安全目标。对数据库系统安全的威胁主要来自两个方面：一是系统内外人员对数据库的非法访问；二是由于系统故障、误操作或人为破坏造成数据库的物理损坏。针对上述风险，会计数据资源控制可采取以下措施：

1. 合理定义应用子模式

子模式是指全部数据资源中面向某一特定用户或应用项目的一个数据子集。在网络环境下，为了限制合法用户或非法访问者轻易获取全部会计数据资源，应根据不同的应用项目（功能）分别定义面向用户操作的数据界面，做到需要什么数据、用到什么数据就开放什么数据。

2. 会计数据资源授权表制度

明确定义每一用户对数据资源访问的范围和内容，并分别规定对数据库的查阅、修改、删除、插入等操作权限。

3. 数据备份和恢复制度

网络环境下的数据备份和恢复远比成批集中式处理环境下要复杂。为保证系统恢复的有效性和一致性，建立业务日志文件（记录系统处理过程的文件）和检查点文件（作业内容信息能被记录下来，并可重新启动该作业的一个点）是必要的。

（四）会计数据安全控制

会计数据安全是指所有的会计数据与信息在产生、传递、接收、存贮、加工处理的过程中不存在遗漏、非法复制、多加、变形等。要保证数据的安全，一方面需要借助法律、政策及相关规章制度的约束，另一方面又必须依赖企业管理人员制定有效的管理制度，同时必须有严格的监督与管理手段。会计数据的安全控制一般分为以下几个方面。

1. 利用数字签名技术进行数据确认

随着电子商务的普及和信息技术的发展，原来在业务活动中所使用的纸介质等原始凭证将越来越多地转化为电子化的方式，这种转换方便了会计信息在网络系统中的传递与交换，但也为它的确认带来了新的问题。虽然关于电子化原始凭证的有效性已得到法律的认可，但对于如何确认这些电子化的原始凭证，相关的法律规章制度中却不曾看见。目前，我国正在建立电子商务的权威认证中心（CA），它通过自身的注册审核体系，检查核实进行证书申请的用户身份和各项相关信息，并将相关内容列入发放的证书域内，使用户属性的客观真实性与证书的真实性一致。有了这个认证中心（CA），企业就可以借此实现动态签名，从而保证电子化原始凭证的可靠性。具体的做法是企业与往来客户双方都向其共同信赖的第三方机构申请用户身份证书，并将各自的相关信息及内容列入自己的证书域内，同时设定自己的签名密钥，甚至还可以拥有加密密钥对。这样，企业相关的工作人员就可以拥有自己个人的数字签名，当一项业务发生时，工作人员或往来单位将与其有关的原始凭证送入计算机中并签上自己的数字签名，然后上传到网上，通过网络传递到相关部门，相关部门在获取这些原始凭证后立即向第三方即认证中心进行确认，只有通过认证中心认可的原始凭证才能被接受并保存下来，从而保证数据的来源、传递的安全性。一旦企业员工离开本单位，其带走的也只是其签名密钥，企业仍可利用加密密钥对来解读属于企业的合法信息。由于加密密钥对一般由认证中心产生并管理，所以其具有很高的安全性。

2. 加强监控与审计

在互联网环境下，会计信息系统多由几十个，甚至上百个部门或分公司联网而成。要使其实现高效、安全的运行，一方面必须做好严格的系统监控工作，要求在系统产生错误时，能够尽早地产生错误报告并给出错误次数的统计，以便及时地发现问题并解决问题，同时根据其各部门或各分公司的用户操作记录，结合系统的记录信息判断有无非法用户进入会计信息系统，并随时采取措施，保证系统的安全。另一方面，必须加强审计工作，特别是对会计数据操作的审计。这就是说，要对会计数据的操作情况进行监督，对访问会计数据进行动态跟踪，对删改操作情况进行记录。要完成这些工作，必须对会计信息系统进行两级审计。①系统级：主要审计整个会计数据库系统的一些操作，如进行系统的注册、用户权限的改变等，以便掌握会计数据库整体的使用情况；②表级：主要审计具体会计数据库表的操作，根据不同数据表的重要程度分别审计不同的操作。

3. 及时进行会计数据的备份

在互联网环境下，会计信息系统存在着大量的网络子系统，分别存放了大量有用的会计数据，一旦发生问题，会有大量的会计数据无法挽回。为了防止这种现象的出现，应及时对会计数据进行多种备份，以便在系统出现问题后能够迅速地恢复这些会计数据。通常的做法是每日备份数据库文件，保存期为三天。若数据库发生问题，则用近期备份的数据结合修改日志文件进行恢复。每月将数据库备份到磁盘、磁带等存储介质上进行保存，以此完成对全系统的数据恢复或单个用户的数据恢复。每季度利用网络在各个计算机子网分中心之间进行异地交叉备份，以此来防止火灾、地震等自然灾害造成的系统破坏。

（五）会计数据完整性控制

会计数据完整性控制是指通过会计数据与会计数据之间的逻辑关系所施加的约束条件来实现会计数据的正确性和一致性的一种方法。通常，对利用会计数据间的关系所建立的约束如下。

1. 会计数据值的约束和结构的约束

会计数据值的约束是指对会计数据项的数据类型、范围、精度等方面的限制。比如，在会计信息系统中会计期间必须事先设定、会计凭证所出现的日期必须符合实际的日期、工资一般准确到小数点后两位等，否则会计信息系统就拒绝接受。会计数据结构的约束则是指对会计数据之间联系方面的限制。比如，一个会计科目唯一对应一个科目代码，科目代码有一个取值，就唯一决定了一个会计科目其他的诸如会计凭证、会计账簿等方面的数据。因而，科目代码的取值就不能为空 /0 值，并且它在数据库中是唯一的，从而保证在引用会计科目数据时能通过会计代码这个唯一的条件找到会计科目的其他相关数据。如果违反了这种限制，就破坏了会计数据结构的规定。

2. 会计数据的动态约束

会计数据的动态约束是指当会计数据从一种状态转变为另一种状态时，对新旧值间规定一定的限制条件，以保证会计数据的正确性。例如，在进行会计凭证的录入时，一个新的凭证号不应小于上张凭证的号码。又如，在进行登账过程中，对会计账簿数据进行更新时，任何一个科目的同一方向的累计发生额数据不应小于原有的累计发生额数据等。

（六）系统开发控制

系统开发控制是为保证网络会计系统开发过程中各项活动的合法性和有效性而设计的控制措施，它应贯穿系统规划、系统分析、系统设计、系统实施和系统运行测试与维护的各个阶段。其主要内容如下。

（1）明确开发目标，制订项目管理计划，进行项目的可行性研究与分析；控制开发进度，监督开发质量，检查各功能模块设置的合理性及程序设计的可靠性，提高系统的可审性。

（2）利用网络在线测试的功能，检验整个系统的完整性，并对非法数据的容错能力、系统抗干扰能力和发生突发事件的应变能力以及系统遭到破坏后的恢复能力进行重点测试；做好人员和设备等资源的整合配置以及初始数据的安全导入，保证新旧系统的转换有序进行。

（3）一旦发现网络系统各类软件可能存在安全漏洞，应立即进行在线修补与升级，并将所有与软件修改有关的记录报告及时存储归档。

（七）系统维护控制

系统维护包括软件修改、代码结构修改等，涉及系统功能结构的调整、扩充和完善，其过程类似系统开发。因此，系统开发控制的方法同样适于系统维护。此外，还应建立维护审批制度、维护方法、维护内容测试、维护文档编制的规范化制度等。

（八）应用控制

应用控制是指具体的应用系统中用来预防、检测和更正错误，以及处置不法行为的内部控制措施。大部分应用控制措施在系统开发时可直接嵌入软件功能中。这些控制措施可分为以下三类。

（1）输入控制。目标是确保网络环境下数据采集的合法性、准确性和完整性。

（2）处理控制。目标是确保会计数据处理过程的正确可靠性，包括处理正确性控制、数据一致性控制、预留审计线索控制等。

（3）输出控制。目标是确保会计系统信息输出或传输中没有被遗失、错发、截留，秘密没有被泄露等，包括打印程序控制、分发控制、废报告控制、最终用户控制等。

（九）计算机中心控制

计算机中心控制主要是对系统的物理环境及设备可靠性的控制，目标是确保系统设备能实时地、连续地运转。其主要包括以下两方面内容。

（1）计算机中心安全控制。包括计算机中心物理位置、机房结构设置控制；进入机房控制；电源防火、防磁、温度、湿度控制；等等。

（2）群集系统控制。所谓群集系统，实际上是一种针对网络环境下的多机热备份制度。平时各服务器运行各自的应用项目，并保持系统和数据的共享联系。当一台服务器（或其他设备软件）发生故障时，群集系统中的另一台服务器会立即承担故障服务器的工作，并保证数据的连续性。对不间断运行要求很高的系统一般应采取上述方法加以控制。

（十）组织控制

基于互联网的会计信息系统是一种分布式处理结构，计算机服务功能（工作站）分布于企业内各业务应用部门，实行会计与业务协同处理。因此，计算中心对各工作站的控制由原来集中处理模式下的行政控制转变为间接业务控制。其主要包括以下内容。

（1）工作站点设置控制。合理设置工作站点，并通过操作系统、数据库管理系统实现对各工作站点的职责分工控制。

（2）内部审计制度。设立内部审计组，监督和控制各工作站点的日常运行。

（3）风险管理制度。设立风险评估小组（可由系统分析员、内审人员、主要用户组成），定期对系统进行风险评估、弱点分析，以不断完善会计控制体系。

（4）人事管理控制。实行业务考核制度，对特殊企业（如金融企业等）的重要岗位实行轮岗制度等。

（十一）工作站控制

工作站可以是单机点，也可以是分服务器站点，它是整个网络系统在某应用项目（如库存管理、成本控制等）下的一个用户界面。

工作站既是系统日常应用处理（包括数据采集、处理和输出）的端点，又是潜在威胁系统安全的一个入口。工作站控制主要包括以下内容。

（1）工作站内部控制。包括工作站物理环境控制、操作权限控制、系统存取控制、操作规程控制、故障处理控制等。

（2）工作站对整个系统访问的控制。根据最小特权原则，要严格控制工作站超越权限的操作行为，这主要可通过计算中心的职责分工、授权控制与日常监控来实现。

（3）数据通信控制。工作站与计算中心常位于不同建筑，甚至不同街区。因此，在数据通信过程中，系统面临着因线路和设备故障导致数据丢失、毁坏的风险，以及人为拦截、泄密的风险。必要时可采取数据加密、回响检查、奇偶检查、备份控制等技术手段和管理措施进行控制。

二、"互联网 +"时代财务会计信息系统的外部控制

虽然通过对企业内部网的控制能有效防止企业内部人员的舞弊与犯罪行为，但在互联网环境下，对于会计信息系统的犯罪行为并不仅局限于企业内部，还有大量的外来的犯罪行为。因而，如何保证企业内部网与其外部环境之间能够畅通地进行信息的传递与交换，同时保证会计信息系统不受外来的侵犯显得尤为重要。而要保证企业内部网与其外部环境之间的这种关系，必然要建立以下控制。

（一）物理控制

物理控制主要是针对网络系统的结构与硬件设备所实施的控制，具体如下。

1. 合理选择网络结构

这一控制措施应该是在系统设计阶段的总体结构设计时所确定的，也就是说，在进行系统总体设计时必须从以下几个方面考虑网络的品质要求。

（1）从会计工作流程与要求出发，考虑网络的覆盖范围。

（2）从会计数据的安全性出发，考虑网络的标准化、兼容性、连接性等。

（3）从会计数据量大这一特点出发，考虑网络的处理能力，即网内最大工作站数、信道容量、传递速率、信道利用率及响应时间等。

（4）从会计数据的保密性出发，考虑数据的共享性及共享面。

（5）从互联网的环境要求及会计信息使用者的多面性这一特点出发，考虑系统的可靠性、扩展性以及对环境的适应性等。

（6）从经济效益出发，考虑系统的性能价格比以及网络维护费用的高低。

2. 选择优质的网络硬件

对于网络会计信息系统而言，为了满足会计数据的安全性、共享性、处理的及时性及保密性等方面的要求，选择时必须从信息的传输量、每天通信线路的占用时间、线路租用费用、通信设备购置费用、已有设备的接口情况及公用通信网线路的保密性等方面来确定是采取有线通信还是无线通信，并选择远程节点与远程控制、高速调制解调器、网络互联设备、优质的服务器、合理的工作站等。尤其是对工作站的选择，不但要从网络系统本身的要求出发，还必须从用户的特点出发，以确定是采取有盘工作站还是无盘工作站。

（二）存取控制

关于存取控制，在前面针对企业内部网的控制中所提到的口令密码的设置、身份验证等技术都是针对会计信息系统中会计数据的存取安全所采取的控制措施，在此，我们主要解释的是针对企业内部网与外部环境之间联系所设立的常用控制技术——防火墙控制技术。所谓防火墙控制技术，是指在企业内部网和外部网络之间设置的一种用于对两者加以隔离的软件，从而为一个企业的内部网络提供抵抗外部侵袭和干扰的能力，保证企业会计信息系统的安全。防火墙通常由过滤器和网关等组成，过滤器封锁某些类型通信量的传输，网关则提供中继服务。这样，在企业内部网与外部环境之间就建立了一种隔离"屏障"，这种"屏障"与其通常的含义不同，它一方面是指能够保证在企业内部网与外部环境之间进行通畅的信息交流，另一方面又可以阻止某些未授权的用户登录进入会计信息系统。正是由于这个"屏障"的存在，那些侵犯者即使能突破保护进入文件服务器，也无法进入企业内部网络，更无法将会计数据取出，从而保证会计数据的安全性与保密性。

当然，要保证会计数据的存取安全并不只是使用防火墙这一种控制手段，我们还可能使用标识设备这种控制技术，即在主机上安装访问控制设备，在用户一端安装个人密码发生器，同时保证密码发生器与访问控制设备进行同步。这样，当某用户注册入网或使用某种系统资源时，除了要提供自己的口令外，还要向系统提供由密码发生器产生的密码。由于这种由密码发生器产生的密码是随机变化的，所以即便有外人得到某用户的口令，也不能进入企业的会计信息系统。

（三）网络端口控制

在互联网环境下，由于企业的会计信息系统网络是一种利用公共电话交换网的计算机网络，其远程终端和通信线路的安全性是一个非常薄弱的环节，如要提高这一环节的安全性，就必须采取必要的端口保护控制。所谓端口保护控制，就是对用户进行标识与验证、对有关的安全事件进行记录与报告、限制对网络的攻击及保护会计信息的传输安全的一种措施。通常，对会计信息系统的网络端口的控制可分为单端控制（包括主机端控制和用户端控制）和双端控制（包括用户验证和终端验证）。

1. 单端控制

在互联网环境下会计信息系统的单端控制中，主机端控制是用得最多的。通常，对主机端进行控制是借助各种端口保护设备来完成的。所谓端口保护设备，主要是针对终端的拨号访问所设置的与主机独立的安全设备。安装这种设备可以保证以下几个方面。

（1）用户只有输入正确的口令才能访问主机，同时限制每次拨号的登录次数。

（2）进行主机的伪装，目的在于防止网络的侵犯者发现这一会计信息系统的主机或者这是什么主机，或通过其他的方式如采用静默调制解调器屏蔽调制声或发出自己的显示屏隐蔽主机的型号，从而保护主机的安全。

（3）对非授权访问进行记录并自动回叫，以防止非法用户的进入。

用户端控制主要是指在会计信息系统的用户端安装安全的调制解调器，以确保用户只有在输入正确的口令以及经授权的电话号码后才能接通调制解调器访问主机。

2. 双端控制

在互联网环境下，会计信息系统的双端控制是指不但要在主机端采取控制，而且要在用户端采取相应的控制措施，是用户端保护设备与主机访问控制软件之间配合验证的过程。其中，用户验证需要用户个人的介入，通常采用一些便于携带的验证设备，如验证器、访问卡、磁卡及安全码发生器等；终端验证则不需要用户个人的介入，它是通过将外加式或内加式设备分别安装在通信线路的两端，采取类似用户验证的访问应答方式进行验证。在上述两种网络端口控制措施当中，不管是单端控制还是双端控制，都有其自己的特点。因而，在计划采取网络端口控制时，需要考虑清楚是采用单端控制还是采用双端控制。由于会计信息系统对会计数据的保密性、完整性、安全性与访问控制要求较高，所以在互联网环境下，会计信息系统的网络端口控制往往采取双端控制。

（四）周界控制

周界控制是通过对安全区域的周界实施控制来达到保护区域内部系统的安全性的目的，它是预防一切实行外来攻击措施的基础，主要内容如下。

（1）设置外部访问区域，明确企业内部网络的边界，防止黑客通过电话网络进入系统。

（2）建立防火墙，在内部网和外部网之间的界面上构造保护屏障，防止非法入侵、非法使用系统资源，执行安全管理措施，记录所有可疑事件。

（五）数据通信控制

数据通信控制是企业为了防止数据在传输过程中发生错误、丢失、泄密等事故而采取的内部控制措施。企业应采取各种有效手段来保护数据在传输过程中准确、安全、可靠。主要措施如下。

（1）保证良好的物理安全。在埋设地下电缆的位置设立标牌加以防范，尽量采用结构化布线来安装网络。

（2）采用虚拟专用网线路传输数据，开辟安全数据通道。

（3）对传输的数据进行加密与数字签名。在系统的客户端和服务器之间传输的所有数据都进行两层加密，以保证数据的安全性，同时使用数字签名，以确保传输数据的保密性和完整性。

（六）远程处理控制

网络会计系统的应用为跨国企业、集团企业实现远程报表、远程报账、远程查账、远程审计以及财务远程监控等远程处理功能创造了条件。这些功能的启用必须采取相应的控制措施，主要有合理设计网络会计系统各分支系统的安全模式，实施远程处理规程控制。

（七）防病毒控制

在系统的运行与维护过程中应高度重视计算机病毒的防范及相应的技术手段与措施。可以采用如下控制措施：

（1）对于不需要本地硬盘和软盘的工作站而言，尽量采用无盘工作站。

（2）采用基于服务器的网络杀毒软件进行实时监控、追踪病毒。

（3）在网络服务上采用防病毒卡或芯片等硬件，能有效防治病毒。

（4）财务软件可挂接或捆绑第三方反病毒软件，加强软件自身的防病毒能力。

（5）对外来软件和传输的数据必须经过病毒检查，在业务系统内严禁使用游戏软件。

（6）及时升级本系统的防病毒产品。

当然，对于会计信息系统的内部控制，不管是在一般的环境下还是在互联网环境下，除了采取以上的控制措施之外，还必须尽快地颁布与完善各种相应的法律、规章、政策及制度，努力提高会计工作人员的专业素质如会计知识、计算机知识等，加强电算化审计的研究与实施，尤其是对付在互联网环境下令人恐惧的黑客的攻击，除了采用上述的控制措施及对策之外，还应发挥全社会的力量，从法律、道德及技术上加以防范，从而进一步加强与完善企业会计信息系统的内部控制。

第四章 “互联网 +”时代财务会计报告的模式与创新

第一节 传统财务会计报告的模式

传统的财务报告模式形成于 20 世纪 30 年代的工业革命时期。在资本市场产生并成熟之后，财务报告对市场所起的财务信息传递、帮助投资人进行投资决策和促进社会资源的有效配置的作用是独特的，也是不可替代的。但是，今天人类已跨进信息经济时代，财务报告在许多方面已经滞后于整个经济环境的要求。因此，对其进行重大的改进势在必行。

一、传统财务会计报告模式的发展与变化

（一）财务会计报告理论上的发展与变化回顾

现行财务会计模式的显著特点是在通用会计原则（GAAP）的指导下，在记录上采用复式簿记，在确认上以权责发生制为基础，在计量上则主要采用历史成本原则，即“三足鼎立”模式。应该说，财务会计发展到现在这个模式，绝不是一朝一夕完成的，而是经过几百年不断发展和积累而形成的。下面，我们从四个方面对财务报告模式的发展和变化进行简要回顾。

1. 关于复式簿记

公元 1494 年，被公认为“现代会计之父”的卢卡 · 帕乔利发表了他的

名著《算术、几何、比及比例概要》一书。在该书的第三篇“计算和记录详论”通称《簿记论》中，作者系统介绍并总结了当时流行于威尼斯的复式簿记，并把它上升为记账原理、基本程序和若干记账的基本规则。复式簿记使记录的内容更加全面、更有条理，双重记录也为验证总账登记的准确性和完整性提供了方便，对整个世界的会计进程产生了深远的影响，得到了后人的交口赞誉。比如，经济学家松巴特说：“创造复式簿记的精神也就是创造伽利略和牛顿的精神。”时至今日，复式簿记依然是现行财务会计记录方面的支柱。

2. 关于计量

财务报表是以传统会计的三个特征为支柱的，即记录按复式簿记系统，确认以权责发生制为基础，计量采用历史成本属性。因此，人们把传统的财务会计分别称为复式簿记会计、权责发生制（即应计制）会计和历史成本会计。在财务会计的上述三个特征中，对会计信息特别是盈利信息影响最大的是确认和计量。传统财务报表受到的冲击最早也是针对计量的，所以报表的使用者普遍关注计量。随着 20 世纪 70 年代末 80 年代初美国出现的通货膨胀以及 20 世纪 90 年代以后金融工具的发展，在传统的历史成本计量模式之外，先后创造了现行成本、现行市价、可实现（清算）净值和公允价值计量模式。到目前为止，我们对财务报告中的计量出现了下列变化：由早期以历史成本为主（甚至占完全统治地位）到几种计量属性同时并用，再到当前倾向采用公允价值。这种种变化说明，计量属性的采用取决于社会经济的发展，即经济环境的变化和各种不同计量属性所带来的不同经济后果及其应用的不同前景。

3. 关于确认

早期财务报表的确认仅研究收入的决定和费用的分配。在股份企业出现以前，往往采用收付实现制来确认收入和费用。那时确认的唯一标准是看有无现金流入（收入）和流出（费用）。后来，由于出现了委托代理关系，为了正确反映和评估某一期间的受托责任，就产生并广泛运用了权责发生制。然而，权责发生制仍然是针对收入的实现和费用的发生来说的。它提出了确认收入和确认费用的新标准。这个新标准不再看有无现金收付，而是看权利与责任是否发生。为了达到权责发生制的要求，又形成了应计、递延、分配和摊销四个特殊的会计程序。权责发生制使财务会计处理和报表的编制较以前复杂，当然所获得的收益数据也较以前更为相关与可靠。人们主要关注收入和费用确认的另一解说是在 20 世纪 40—50 年代，财务报表中的收益表被普遍认可为第一报表。财务报表使用者共同关心的主要信息是一家公司的收益（盈利）。收益是由什么决定的呢？从收益表的构成可以看到：通过收入与费用的配比来决定收益。这就是流行于当年的收入 / 费用观。然而，收益也可以由净资产（不包括业主权益的变动）的期末与期初的余额对比来求得。FASB 在 1984 年 12 月第一次提出确认的完整定义即确认是“将某一项目作为报表要素正式记入或列入某一企业财务报表的过程”，并把确认的过程分为“初始确认”“后续确认”“终止确认”三种类型。

4. 关于报告

早期的财务报表是直接根据日常记录编制而成的。报表的内容就是表内的项目。报表项目只不过是会计科目的重新分类、汇总和排列。后来由于经济业务日趋复杂，表内陈述的内容基本上属于会计上的术语而不易为广大投资人所理解。为了提高报表的易懂性和可使用性，报表增加了表外附注和附表，这一部分的出现，与证券监管机构（如美国的证券交易委员会）对上市公司的报表提出补充的披露要求是分不开的。虽然对表内和表外的区分，人们已习以为常，但多数人并不了解它们之间的联系、区别和不同的作用。在这个问题上，FASB 认为当前实务中的财务报表应当称为财务报告，并且财务报告 = 财务报表 + 其他财务报告。财务报表需要由注册会计师审计，其他财务报告则可以请企业以外的会计师或专家审阅，有的甚至可以既不审计，又不审阅。而对于财务报表和附注的关系，FASB 反复强调：在财务报表表内表述是确认；用附注（包括表内旁注，表外底注）、其他附表、其他报告手段进行表述，不是确认，而是披露。这样，附注和其他财务报告披露的内容、形式和是否量化表述就获得了更大的自由空间。

（二）财务会计报告及其种类的发展与变化回顾

表内确认和表外披露是财务报告的两种重要表述形式。从报告形式和内容上看，财务报告经历了一个较长的发展过程。

第一，报表的种类不断增加。早期的基本财务报表只有资产负债表和损益表两种。20 世纪 60 年代中期增加了财务状况变动表，到 1987 年被现金流量表取代，成为第三财务报表。1997 年，美国 FASB 提出企业可增加“全面收益表”作为第四财务报表。

第二，财务报告的内容和形式不断改进。从覆盖面看，原先的财务报告只反映一个主体的整体财务状况、经营成果和财务状况或现金流量的变化。后来，由于出现控股企业，控股企业除编制本身的财务报表外，还要编制覆盖整个控股企业集团的合并财务报表。同时，一个企业由于规模很大，分部很多，要求对具有不同机遇和风险的地区和业务分部编制分部财务报告。合并财务报表和分部财务报告都能向投资人补充提供对决策更有用的信息。

从时间间隔看，传统的财务报告是一年报告一次，属于年度报告。为了提高报告的及时性，后来，在年报之外，又陆续增加了半年报、季报、月报等统称为“中期报告”的财务报告。随着互联网的发展，未来信息的报告将越来越快，时间间隔越来越短，现在实际上已开始在网上发布实时信息。

从内容上看，第四报表较好弥补了传统报表违反漏计损益原则的缺陷。长期以来，西方会计界对编制收益表都声称坚持“满计损益观”，而不是建立在当期经营业绩的基础上，但实际上对可赚得却未实现的收入往往绕过收益表，而把它们列示于资产负债表中的所有者权益部分。这种做法压低了企业当期所确认的全部损益，违反了满计损益的原则。第四财务报表所报告的企业财务业绩包括所有已确认的损益（无论是否实现），这种业绩报告才是真正以满计损益为基础的收益表。

二、传统财务会计报告模式所面临的挑战

现行财务会计报告采用的是在价值法指导下的通用财务会计报告模式。在这种模式下，报告单位主要通过收集、加工、整理、计算、汇总等一系列财务会计程序产生通用的财务会计报告模式。

（一）通用财务会计报告的“窄”型

单一化信息供给结构通用财务会计报告对决策和监督发挥了重要作用，但随着经济技术的发展，这一报告模式越来越难以适应市场的需要，其缺陷日益凸显。按现行会计规范的要求，会计信息采用的是标准化财务会计报告模式，即主要通过资产负债表、损益表、现金流量表及其附表等形式，反映报告单位的财务会计信息。这种财务会计报表模式的标准化决定了会计信息的供给结构是“窄”型的，在会计信息提供方式上存在单一性。

（二）财务会计信息使用者的"宽"型

随着市场经济的发展，会计信息的需求越来越呈现广泛性、差异性和易变性等特征。不同用户以及同一用户的不同用途，对信息的结构要求存在着差别。差异化的信息需求下报告主体的信息提供应当科学充分，既要包括报告单位的内部信息，又要包括外部信息。内部信息中既要有财务信息，又要有非财务信息；外部信息中既要有其他微观主体信息，又要有宏观经济和市场形势的信息以及国际市场信息。而现行通用财务会计报告模式只能提供财务会计的最终结果，无法使信息使用者接触原始财务会计信息数据或参与财务会计信息的生产过程，从而难以满足使用者多目标的需要和适应用户决策"宽"型信息结构的需求。

（三）价值法下通用财务会计报告模式的缺陷

现行价值法下企业以标准化形式提供的通用财务报告缺陷主要表现在以下方面：一是产生评价失真。通用财务会计报告模式下的信息供给缺陷，使投资者不能全面而有效地评价报告单位的状况，也使委托人不能有效地鉴定信息供给的质量，从而造成信息使用者难以正确评价报告单位经营业绩和经营者履行经营责任的状况。二是形成决策误导。会计信息结构的限制使其无法传导充分的信息。在这种信息传递模式下，信息使用者获取的是不完全和不对称的信息，因而容易影响信息使用者的决策质量甚至对其决策产生误导。三是引发控制失灵。会计信息的"窄"型供给结构使委托人难以借助财务会计信息评价企业的状况，以及借助财务标准衡量代理人的主观努力程度，从而在对其实施有效控制方面容易产生偏差。四是导致市场低效。证券市场价格反映的是信息的充分程度，这种信息充分程度的差别与报告单位信息的供给数量和质量有关，报告单位内部信息披露的不充分和信息公开程度不高，可能会增大少数人获取内幕或私人信息进行交易的机会，降低市场效率。

第二节　“互联网 +”时代对传统财务会计报告模式的冲击

21 世纪，由现代信息技术，特别是网络技术引发的全球信息化浪潮冲击着传统社会生活的每一层面，网络化、数据化、知识化已成为时代的主旋律。面对汹涌而来的信息技术浪潮，我们的现行会计制度的信息报告方式也必然要做出及时的变革，以迎接网络时代的挑战，而这种变革即这里所要阐述的由传统的手工财务报告系统，发展为网络实时财务报告系统。

一、对传统财务会计信息披露的冲击

传统的财务报告模式是以三大财务报表（资产负债表、损益表、现金流量表）及其附注为主干，年报和中报为主要形式的分期财务报告模式。在这种模式下，企业会计以财务报告为内容，以资产报告为核心，以财务报表为主要表现形式，对企业的资产使用、经营收益、现金流量状况等财务信息进行确认、表述和披露。这种传统的报告模式基本能适应工业经济时代经济发展的要求，能起到对经济的反映和监督作用。但是随着经济的发展，传统会计报告模式已经不适应知识经济特别是网络经济时代人们对会计信息的需求。

因为企业经营活动的连续性，其会计信息的产生必然是连续不间断的，但是受到技术手段和信息生产成本、传输成本的限制，传统的会计报告模式只能以中报、年报等分期的形式提供，所以，会计信息的披露只能是间断的。生产运动的连续性和财务信息披露的间断性之间的矛盾使会计信息的及时性受到了严重的挑战。一方面，当用户看到财务报告时，很多会计信息已是“遥远的历史”，失去了决策的相关性。而在网络时代，由于企业产品生产周期缩短，企业原有市场份额或竞争优势可能在较短的时间内消失殆尽，加上衍生金融工具的广泛运用，一些表面财务状况良好的企业都有可能在短期内出现财务困难，甚至破产清算。在此环境下，传统财务报告模式的局限性可见一斑。另一方面，占信息优势的人可以利用信息披露的时间间隔进行内幕交易，造成投资者之间的信息不对称，破坏了证券市场信息公开、公平、公正的基本原则，损害了中小投资者的利益，同时使证券市场的有效性大打折扣。这一点从我国证券市场上很多庄股在中报、年报公布前后的反常走势中可得到印证。

二、对传统财务会计计量模式的冲击

传统财务会计计量模式以权责发生制作为确认的基础，采用历史成本计量模式，且其财务报告以财务报表为主体。这种会计计量模式试图通过现行成本计量属性来消除个别物价变动的影响，通过不变购买力货币单位的调整来消除一般物价变动的影响，从而全面解决物价变动对会计信息的影响问题。其不足之处在于取得会计信息的成本较大，缺乏客观性与可行性。

随着互联网经济的到来，传统财务报告模式下单纯用货币计量提供的会计信息越来越不能满足信息使用者的要求，信息使用者期望财务报告能够提供更多的面向未来的非货币信息，这些信息对信息使用者的投资决策有着重要的参考价值，如人力资源信息、企业外部环境、地理环境等。如果单纯用货币计量，这些信息只能排除在财务报告之外。因此，我们必须改进计量手段，扩大财务报告的信息容量，增加非货币化的信息，为使用者提供完整、全面的财务信息。

三、对传统财务会计局限性的冲击

第一，目前的财务会计报告是以预先知道使用者的信息需求这一假设为前提的，即财务会计报告的编制人员实际上并不关心会计信息使用者的实际需求，他们只是根据既定的会计准则和编制规范机械地完成对会计数据的高度综合。在会计目标较为稳定的环境下，这种方法是行之有效的。它不仅能够降低会计人员的技术难度，还能够满足信息使用者的需求。但随着企业竞争环境的加剧，企业相关利益集团的扩大，会计信息使用者的需求逐渐多样化，导致现有的财务会计报告无法满足使用者的多层次要求。

第二，在会计信息的加工过程中，由基本数据向高度综合数据的推导过程完全掌握在企业内部。信息的反复综合，一方面是信息的凝练过程，把具体的数据转化为对决策有用的信息，另一方面也会造成信息的丢失和扭曲。这种扭曲可能是由于信息处理过程中无意的错误造成的，也可能是由于恶意的篡改造成的，但更可能是由于信息的提供者采用了有利于自身利益的会计政策造成的。也就是说，对于企业外部的财务会计报告使用者，会计信息的生产类似一个“黑箱”，他们只能获取最终的结果，而无法得知会计信息的输入及生产过程，这就为企业组织管理者的舞弊留有更大的空间。

第三，目前，TPS 中记录的数据也是为了满足某一特定的会计信息使用者的需求而设计的，从原始数据的采集过程开始就带有一定的倾向性，各个职能部门从自身信息的需求角度出发，选择符合自身信息需求的一个侧面记录业务数据，造成对原始业务描述的扭曲，不利于原始数据的参照。

第三节　“互联网 +”时代财务会计报告模式的基本特征

一、“互联网 +”时代财务会计报告模式内容的多元性

正是出于“互联网 +”时代财务报告使用者需求越来越趋向复杂化，因此对“互联网 +”时代财务报告披露内容的改革必须走多元化的道路。除了对基于传统会计理论体系的通用财务报告信息（如资产负债表、权益表、现金流量表等）加以披露外，还应该根据需求增加更加多元化的信息以供财务报告使用者选择，从而满足使用者的不同信息需求。

（1）增加对知识产权、人力资源、自创商誉等无形资产的财务信息的披露，使财务报告从以揭示有形资产为主向以揭示有形资产与无形资产并重转变。在开发未来财务报告模式时，会计必然要对知识产权、人力资源、自创商誉等无形资产进行确认、计量、记录和报告，以增强会计信息的有用性。在当前对这些项目的确认计量标准尚未成熟的情况下，可以借鉴美国财务会计准则委员会（FASB）和国际会计准则委员会（IASC）在金融工具问题上的做法：着重解决相关信息的披露问题，采用表内披露与表外披露相结合的方式，暂时绕过确认与计量问题，待相关理论成熟之后，再研究确认与计量的实务操作。

（2）可以增加衍生金融工具财务报告，以解决衍生金融工具的确认、计量及报告问题。金融工具创新对财务报告的结构和编制方法两方面都带来了一定的影响。按照资产负债现有的项目分类，金融资产或金融负债无法得到充分的体现。衍生金融工具不符合传统会计理论中资产、负债的定义。另外，传统财务报告揭示的是历史成本信息，衍生金融工具大多只是一种合约，它只产生相应的权利和义务，而交易尚未发生，因而无历史成本可循。衍生金融工具交易如此频繁、金额如此巨大，却不能在资产负债表中予以反

映，这显然有悖于充分揭示原则和及时性原则。对衍生金融工具的确认与计量，同样可以采用表内披露和表外披露相结合的方式。在通用财务报表内，可以揭示在产生的金融资产和金融负债的衍生金融工具交易中所交纳保证金和支付期权费的金额、合同的金额、金融资产或金融负债在报告日的公允价值，并且在每个报告日有必要用当日的公允价值对其进行重新计量。

（3）增加对社会责任报告和增值表的编制，反映企业的社会责任履行情况。企业在追求利润最大化的过程中往往忽视社会和公众的利益，企业社会责任报告就是从宏观经济出发，对企业生产经营活动的社会影响进行计量和报告，使会计服务对象由传统的为一个企业单位服务扩大到为整个国民经济服务。它包括财务与非财务成果状况的计量反映。随着人类对生存环境的日益重视，社会责任报告将逐渐成为“互联网 +”时代企业对外报告的重要组成部分。增值表是一张反映企业一定时期生产经营活动所创的新增价值的构成及分配情况的报表，它的计量要素主要来源于利润表。增值表与利润表相比，两者在资料来源和遵循的会计原则方面基本一致，但利润表依据的是业主权论，认为净利润是股东财富的增长，而增值表依据的是企业论，强调企业应承担广泛的社会责任，两者在理论依据、着眼点、作用、适用范围等方面都有所不同。社会责任报告和增值表的编制至今尚无公认的统一标准，缺乏规范性，这影响了它们的可比性和有用性。但是，我们仍然能够以表外因素另行在财务报告的附注中加以披露，或者作为专用报告为相关利益方提供对其决策有用的信息。

（4）增加披露财务预测信息，可以增加预测性财务报告，使财务报告从以揭示事后信息为主向以揭示事后信息与前瞻性信息并重转变。现行财务报告模式下的财务报告或财务报表基本上是一张历史数据记录的汇总表，是一种向后看的会计报表。预测性财务报告是建立在对未来经济条件和行为方案进行假设的基础上，反映企业下一年度或未来期间的主要经营成果和财务状况变动的报表。

二、“互联网 +”时代财务会计报告模式类型的多元性

随着“互联网 +”时代财务会计报告披露内容的多元化，单一的通用财务报表形式已经无法适应其要求，因为很多披露的内容无法进入传统财务会计计量的范畴，只能采用类型多元化的网络财务报告作为互补。

（1）编制专用财务报告或差别财务报告，实现标准化的通用报告与按需编制专用报告相互补充，从而满足财务信息使用者对信息需求的多样性和特殊性要求。

专用财务报告或差别财务报告可以在两个层面上实施：一个层面是从信息提供者角度，由报告单位为不同使用者提供在内容和时间上有差别的财务报告。由于信息使用者的信息需求和获取信息的权力各不相同，某些特定使用者或使用者集团已不满足于通用财务报告了。因此，企业可以有选择地、有重点地对外披露某些使用者或使用者集团特殊需要的信息。例如，主要债权人收到的信息比一般股东更为详细和及时，债券评估机构收到的信息也往往比年度财务报告更为详细。通过差别报告，企业既可以满足特定使用者及其集团的特殊信息需要，又可避免因广泛披露而对企业产生的不利影响。

另一层面是从会计规范角度，建立有差别的会计信息揭示制度。它实际上是指一国政府通过有关的规则或法规的规定，对不同规模或类型的企业在编制与提供财务报告的种类以及要求其披露的会计信息的格式、内容、数量、详尽程度等方面有差别待遇的一种制度安排。在这一制度下，一般是按企业的资产总额、年营业收入净额和年平均职工人数这三个标准，将企业划分为小企业、中型企业和大型企业三类。一般而言，小企业可实行某些会计信息的豁免，允许其提供简单的资产负债表和收益表，而不必提供现金流量表；大型企业需要提供内容详尽的一整套财务报告；中型企业则可以根据自身的情况，在上述两种报告中做出选择或提供详尽程度介于两者之间的财务报告。不同规模企业的信息使用者对会计信息存在不同的要求，而有差别的会计信息揭示制度恰恰迎合了这一要求。

（2）适当增加财务报表附注的信息量，提高非财务信息披露的质量及数量。现行财务报告仅对财务定量信息予以揭示，不能够完全分析出给企业长期价值创造带来影响的具体因素。现行财务报告体系在财务报告中揭示了大量包括定性信息在内的非财务信息，但并不是说财务会计报告披露了这些非财务信息，这只是借助非财务信息来辅助说明与解释财务信息，帮助信息使用者更准确地理解与运用财务信息，从而最终提升财务信息的价值。未来的会计应在拓展财务信息的深度与广度上下功夫，为增加财务信息的价值服务。

（3）重视编制分部报告，增加披露分部信息。从 20 世纪 60 年代起，各国纷纷制定会计准则，规定除编制母公司及子公司的一般会计报表和合并会计报表外，还需要编制分部财务报告。然而，作为合并会计报表的一种必要补充，编制分部财务报告已经成为当前的国际会计惯例。未来的分部财务信息将会用分部报表的形式在年度财务报告中予以披露，并将分部报表作为上市公司年度财务报告的组成部分。此外，表外信息也应作为分部报表的必要补充，使信息使用者能对分部报表的信息做出正确的理解。在表外信息中，应对分部划分的变更、会计处理方法及其变更及时披露，包括分部之间营业收入的定价、国外分部以何种汇率换算、总公司与各分部共同费用的分摊方法等都应在表外做必要的披露。

三、“互联网 +”时代财务会计报告技术的动态交互性

由于网络财务报告披露内容和形式逐步走向多元化，网络财务报告系统逐步走向联机实时化，未来网络财务报告的技术必须向动态交互化发展。从信息静态再现技术向动态交互技术过渡基本上代表着技术从初级到高级阶段发展的趋势。

四、“互联网 +”时代财务会计报告系统的联机实时性

“互联网 +”时代财务会计报告的联机实时性包括“ 联机”和“实时”两个方面的含义。

“联机”是指“互联网 +”时代财务会计报告披露系统能够实现与企业内部的管理信息系统信息共享。自从计算机应用于财务会计领域后，许多企业都建立了自己的会计信息系统，使用财务软件编制财务报告。随着制造资源计划（MRPII）、企业资源计划（ERP）等企业管理信息系统的出现，会计信息系统本身趋向于成为企业管理信息系统的一个模块，因而企业内部的信息共享问题已经被解决。但“互联网 +”时代的财务报告使用者通常身处企业外部，由于存在软件兼容性等问题，无法直接利用企业已有的内部管理信息系统（如 ERP 等），只能通过企业对外提供的网络财务会计报告披露系统来获得自己需要的信息。因此，实现企业网络财务会计报告对外披露系统与企业内部的管理信息系统信息共享显得非常重要。

“实时”则是指“互联网 +”时代财务会计报告系统能够实时根据使用者的需求，从数据库中调出符合需求的相关信息或形成专门的财务报告。随

着企业内部网和广域网的发展，会计信息系统所需的各种原始数据越来越多地直接存在于网络与计算机中，信息使用者与信息提供者能够及时双向交流。在这种情况下，人们不再满足于仅将按照传统模式生成的一成不变的财务报告通过网络进行披露，而是试图通过网络对企业的各项经济活动进行实时的处理与反映，并根据使用者多样化的信息需求实时提供多元化的财务报告。

实行“互联网 +”时代财务报告的联机实时化是因为信息使用者的需求是不同的、变化的、难以完全预先确认的，因此有必要提供“量体裁衣”的报告，将财务报表要素、非财务信息项目、会计方法和表达方法模块化，以便根据使用者的要求将一种交易或财务报表要素按不同方法加以处理。通过报告单位与使用者之间的相互沟通，使用者对财务信息、非财务信息、会计方法、表达方法加以选择，报告生成器就能自动生成使用者所需要的财务报告。这种交互式和实时报告能更好地满足使用者的信息需求，进而提高市场效率和减轻信息不对称。此外，它有助于减少报告公司的资本成本和使用者的信息分解成本，减轻数据固化问题并缩小操纵报告的范围。

第四节　“互联网 +”时代财务会计报告模式的创新研究

一、“互联网 +”时代财务会计报告模式的发展趋势

（一）满足信息使用者的多元化需求

“互联网 +”时代的财务报告的目标是满足各种信息使用者的不同信息需求。传统的通用财务报告并不能很好地满足不同使用者对信息的需求，而对网络财务报告进行改革就是为了真正实现这个目的，建立一个按需网络财务报告模式。根据 AICPA 财务报告特别委员会的研究，使用者具有不同的信息需求，其主要原因在于使用者的目标和方法不同、被估价的资产不同、报告公司的环境不同、使用者的信息偏好不同。

该委员会同时认为需求是不断变化的。由于利益相关者采用不同的会计责任基础，他们的信息需求是多样的。传统的通用财务报告模式实质上是一

种大批量生产模式，即大量生产某一标准产品，并将相同的财务报告提供给不同的使用者，将不同的报告标准化。而按需网络财务报告模式指的是公司在网络环境下运用技术和管理方法实现产品多样化，并通过灵活快速的反应来满足顾客千差万别的需求。

可以说“互联网 +”时代的财务报告使用者对信息需求的多样化并不意味着要排除使用者的共同信息需求。因为通用财务报告模式仍具有以下优点：对于报告单位、审计人员和监管者来说，其是经济的、实用的和方便的；可以满足使用者的一些共同需求，具有规模效益和信息可比性；其标准化使拥有有限资源的监管者能更有效地监督公司的财务报告行为。此外，某些财务的信息需求至少在短期内是稳定的，通过与使用者沟通，报告公司可能在事前获得使用者的一些信息需求，这时仍需采用通用财务报告模式。因此，大规模按需生产模式并不是要抛弃通用财务报告模式，而是提供附加的信息以补充通用财务报告。这里将通用财务报告作为一个基准，不但有利于保持信息的可比性，而且可以满足使用者的共同信息需求，按需供应的信息更可以满足使用者对信息的个性需求。

（二）拓展披露内容

由于网络时代的财务报告使用者的需求越来越趋向多元化，所以有必要对网络财务报告的披露内容进行拓展。企业除了应对基于传统会计理论体系的通用财务报告信息（如资产负债表、权益表、现金流量表等）加以披露外，还应该根据需求增加更多的信息，以供财务报告使用者选择。

1. 企业无形资产（包括专利权、专有技术等）的财务信息将成为未来、“互联网 +”时代财务报告的披露重点

对有形资产的占有和使用是工业社会环境中企业得以持续经营的重要条件，这在客观上决定了传统会计系统必须围绕企业有形资产的确认、记录、计量和报告来建立。随着以技术为主导的知识经济时代的到来，企业持续经营的重要条件已开始转向对技术的开发、利用，以提高未来现金流量和企业市场价值来确保竞争优势。无形资产在企业总资产中的比重大大提高，有形资产的比重则相应下降。在这种发展趋势下，企业的无形资产将成为财务报告的重心。

2. 增加衍生金融工具项目在表内或表外的详细表述、披露

之所以增加衍生金融工具如期权、期货等项目的信息披露，是因为这些事项具有前瞻性、风险性和收益性等特点，它们也是知识经济时代信息使用者所关注的热点。

3. 增加社会责任报告，反映企业的社会责任履行情况

企业在追求利润最大化的过程中往往会忽视社会和公众的利益。企业的社会责任报告就是从宏观经济出发，对企业生产经营活动的社会影响进行计量和报告，使会计服务对象由传统的为一个企业单位服务扩大到为整个国民经济服务。它包括财务与非财务成果状况的计量反映。随着人类对生存环境的日益重视，社会责任报告将会逐渐成为处在网络时代的企业对外报告的重要组成部分。

4. 增加非财务信息的披露

非财务信息的内容十分广泛，它们对信息使用者评价企业的过去、了解企业的现在和预测企业的未来有很大的帮助。这些信息主要包括经营业绩信息、前瞻性信息、背景信息等。借助非财务信息来辅助说明与解释财务信息，可帮助信息使用者更准确地理解与运用财务信息，从而提升财务信息的价值。

二、“互联网+”时代财务会计报告创新——XBRL

互联网时代财务报告的内容与形式正随着网络技术的发展而发展。XBRL是网络财务报告向高级阶段发展的技术基础，是已经得到国际公认的专用于编制企业财务及商业报告，面向网络环境进行信息披露，能够革命性地提高信息利用能力的标准化语言。

（一）XBRL的产生

以前的财务报表电子格式有Word、Excel、PDF或HTML，是一种静态格式，不能实现真正意义上的电子数据交换。若要对财务信息进行深加工，就需要对数据进行复制粘贴、重新输入或者以其他格式重新编报。为实现某个特定目标，甚至可能需要获取多个文件。例如，如果财务分析师要比较10个公司最近10年的收入情况，那么他需要找到100份报表，从中搜寻所需信息，并将这些信息整理到一个文件中。这种利用静态报表进行数据加工

处理的方式不仅费时费力、容易出错，而且一个人整理出来的数据只能满足他的需要，就其他用途而言，还需要对数据重新进行加工。如果财务信息以动态格式存在，就可以实现相关数据的自动归集、整理、比较，减少信息使用成本，提高信息质量。XBRL就是在这样的背景下产生的。

XBRL是一种财务及相关信息电子通信的计算机语言，它是可扩展标记语言（XML）在财务及相关报告领域的具体应用。XBRL的构想最早由美国注册会计师查尔斯·霍夫曼于1998年4月提出，并于同年12月提出了XBRL的原型方案。2000年4月，XBRL国际组织（XII）正式成立。XII是一个非营利组织，主要任务是制定XBRL技术规范，推动XBRL在全球的应用。XBRL技术规范是一个开放性标准，没有许可费用。"XBRL中国地区组织"于2010年4月30日成为XII正式地区组织。

XBRL提供了让财务信息由静态变为动态的途径，它是设计为计算机读写的，它不要求XBRL报表的编制者和使用者必须懂XBRL，就像我们收发电子邮件并不需要了解电子邮件背后的技术一样。XBRL可以减少重复性的数据输入、比较、转换和提交工作，因此可以减少报送成本并方便电子存储数据的再利用，让财务信息的搜集和报告工作变得流畅。投资者、分析师、研究人员、金融机构和监管机构等信息使用人都能够更加快速高效地获得、搜寻、比较和分析XBRL格式数据。

（二）XBRL相关的基本概念

XBRL即"可扩展商业报告语言"（eXtensible Business Reporting Language），是编制、发布企业网络财务报告、交换数据和分析财务报表及其所含信息的一种标准方法，是一种以现有公认会计准则（CAAP）为基础构建的企业财务报告方式的技术标准。1999年1月，美国注册会计师协会决定投资创建以XML为基础的财务报表框架标准，并正式将其命名为XBRL。其实质是一种基于互联网技术的新型企业财务报告语言。由于XML显现出了强大的网络信息发布和获取优势，美国注册会计师协会（AICPA）对XML的开发和应用给予了大力支持。

XBRL的作用主要体现在两个方面：一是建立了财务报告内容的标准化分类体系，有助于各类财务报表使用者从网络上快速检索特定的财务数据；二是建立了在不同应用程序之间进行数据交换的标准格式，有助于提高数据的共享程度，实现应用系统的高度集成。这些作用使XBRL成为改进财务数据透明度及加强公司之间报告一致性的重要工具。

（三）XBRL的技术构架

XBRL运用XML数据标记描述财务信息。从技术构架上看，XBRL主要由规格书、分类体系、实例文档、模式和样式单组成。其中，分类体系的开发是推进XBRL应用的最大困难所在。XBRL指导委员会已经发布的规格书与分类体系是以美国GAAP为基础的。

1. 规格书

规格书也称为说明、规范，是定义XBRL专用术语的一个文件，描述如何根据XBRL规格书创建财务报表，并说明如何建立XBRL实例文档和分类体系。

2. 分类体系

分类体系也称为分类标准，是对会计报告内容标准的描述与分类，可视为XM模式的扩展。信息提供者从其会计系统中存取会计信息，并按XBRL分类体系中所规定的标准方式加以编码。分类体系的主要目的是提供一个可以让不同公司的财务信息以相同的名称或方式呈现的标准。由于在XM的构架下，标签可以自行定义，因此分类体系必须对表达公司财务信息的标签统一定义，而且各个项目必须是独一无二的。

3. 实例文档

它是一个包含企业报告信息的XML文档，代表运用分类体系标记的财务实例的集合。它不是供财务报告使用者阅读的，而是以类似网页源代码的一种计算机代码写成、供计算机识别的文件。就像网页浏览器可以把网页源代码转换为网页呈现到人们面前一样，XBRL应用程序也可以把实例文档转换成平时我们所阅读的报表格式。当然，也可以将实例文档中的数据用于比较、分析等其他各种操作。实例文档只需一次生成就可以供无限次使用，这种灵活性使它可以满足各种不同需求。例如，投资者可以从中提取用于分析的数据，税务部门可以提取确定纳税额的数据，银行可以提取用于信贷控制的数据，等等。

4. 模式

模式也称为文件纲要，是用来替代DTD（Document Type Definition，文件类型定义）文件的。它进一步严格描述实例文档和分类标准是如何创建的，是 XBRL 的底层组件。模式规定了 XBRL 文件的逻辑结构，定义了 XBRL 中元素及其各属性之间的关系，而且能够校验 XBRL 文件标记的合法性。

5. 样式单

XBRL 本身并不产生任何可阅读的报告，实例文档仅是一些数据与可解释的标签的集合，没有为外界提供一个友好的界面。所以，当从浏览器中打开一个 XBRL 数据文件时，它显示的是该文件的源码，全是 XML 的标签。如果一家公司准备为公众提供纸质的财务报告，仅靠 XBRL 的实例文档是不够的，因为它的格式不是一份财务报告。XBRL 不是为所见即所得目的而设计的，它擅长的是在各个系统之间可靠而一致地移动数据。通过对样式单的使用，可以产生阅读性很好的财务报告，这类可以充当样式单的技术很多，有级联样式表（Cascading Style Sheets，CSS）[①]、可扩展样式语言（XSL）[②] 样式单、电子表格等。为了设计出有用的财务报告，可以通过样式单给实例文档中的数据添加所需的显示元素，并以 HTML 或其他格式显示出来。

XBRL 旨在分离财务报告的内容与格式，即对财务报告的内容与格式进行分开处理（传统的处理方法是对财务报告的内容与格式并行处理），从而实现内容与格式的各自标准化处理。

三、XBRL 在“互联网 +”时代财务会计报告中的应用

（一）XBRL 对财务报告的主要影响

1. 财务报告的实时发布能增强财务信息的及时性

财务信息的在线和实时披露都是不可扭转的必然趋势，利用 XBRL 可以完全突破传统的财务报告按年、季或月发布的模式，做到实时发布、在线披露。通过将会计业务处理系统与财务报告系统连成一体，使从凭证信息的输

① CSS 是一系列格式规则，是用于控制网页样式并允许将样式信息与网页内容分离的一种标记性语言。它可以将格式和结构分离，可以以前所未有的能力控制页面布局，可以制作体积更小、下载更快的网页，可以将很多网页同时更新。

② XSL 是一种以可读格式呈现 XML 数据的语言，包括两个部分：XSLT——用于转换 XML 文档的语言；Xpath——在 XML 文档中导航的语言。

入、处理到会计报表的输出在同一时间完成，就可以将公司的财务状况实时地在网上披露出来。信息使用者可以实时了解企业的最新财务状况，而不必等到一个会计期间结束。

2. 更容易编制和发布财务报告

XBRL 没有改变现有的会计准则，也不需要公司额外披露超出现有会计准则要求的信息，只是改进了编制、分析与发布企业报告信息的流程。它是一种高效编制报表的方法。会计系统和其他信息系统中的财务相关数据均可以生成符合 XBRL 格式的文件，这提高了各种报表的编制效率，而且可以使用预先设计好的应用程序一次完成书面财务报告的编制、网络财务信息的发布或上传至相关主管单位等多项工作，不需要进行多次的单独作业，从而在很大程度上提高了公司编制和发布财务报告的效率。

3. 财务报告通过模板自动生成，能提高财务信息的准确度

XBRL 可以自动为财务信息加上代码或标识，以便用户进行识别。无论这些信息如何被浏览器或其他工具进行编排或加工，其标识都不会改变。这样，企业可以通过模板的形式自动生成财务报告，包括资产负债表、损益表、现金流量表等公司报告。这种方式避免了财务信息的多次输入，降低了数据输入错误的风险。

4. 扩大财务报告的信息量

现有财务报告模式是一种扁平式的体系，每一个公司的报表几乎都千篇一律。由于信息的使用者在不同的情况下需要的数据不同，有限的信息难以满足其要求。例如，在 XBRL 之前，投资者必须浏览大量财务报告，然后将各种财务报告的数字输入计算机中，才能进行分析。采用 XBRL 所编制的财务报告，可以将财务报告的项目分得更加详细，从而满足投资者的各种查询要求。利用 XBRL 可以在各项相关资料之间建立连接，以便投资者科学地进行决策。

5. 提高了财务信息的透明度

强调财务信息的透明度的目的在于增强信息使用者对企业真实的经营及财务状况的洞察力。实证研究表明，XBRL 具有强化信息使用者获取、集成和全面评价相关财务信息的能力；可降低使用者的认知成本；通过提高财务报告信息的可比性，可使企业会计政策选择对信息使用者更为透明。例如，对以公允价值计量的信息依据 XBRL 以一致的方式做标记有助于信息使用者更好地评判公允价值信息的公允性，并易于与其他企业做横向比较。

6. 便于财务报告的审计

利用 XBRL 通过应用程序既可以生成财务报告，又能进一步与公司的审计轨迹资料库进行连接，增强会计信息的透明度，减少人工操作的复杂性，提高核查效率。同时，在线持续报告的出现便于审计部门对财务报告进行实时监控。

7. 有利于财务报告与国际标准接轨

从 XBRL 的技术潜力看，它可以为会计信息的跨国交流提供支持，可以编制、发送各种不同格式的财务信息，交换与分析财务报表中所含的信息。因为 XBRL 的分类标准可以应用于总分类账层面，故公司可在交易事件发生时对其进行标识，然后根据不同的概念模式（中国会计准则、美国公认会计原则、国际会计准则或其他标准）将信息抽取组合在一起。在传统方式下，一个公司外部的分析师或投资者可能无法将一个财务报告从美国公认会计准则规格转换为国际会计准则规格，但是有了 XBRL 后，这种转化工作完全可以交给专门的转换软件自动完成。另外，会计信息使用者也可以按照国际会计标准编制财务报告。这种方式有利于我国财务报告尽快与国际标准接轨。

（二）XBRL 的应用范围

XBRL 的应用范围非常广泛，但在公司财务报表方面的应用应是其优先发展的部分。概括起来，XBRL 的应用涵盖以下几个方面。

1. 企业财务报告和审计资料的编制和传递

这是 XBRL 当前最主要的任务。XBRL 最初就是为了规范网上财务信息而建立的信息交换标准。会计主体可用 XBRL 对外公布其电子化的财务报表，包括资产负债表、损益表、现金流量表、财务报表附注和注册会计师的审计报告等。企业和其他单位只要将其会计信息系统输出的各类电子文档形式的财务报表通过相关计算机程序一次转换为 XBRL 格式的电子文档，就可直接通过互联网传播，并可将其导入各种分析软件中以便信息使用者使用。采用 XBRL 所编制的报表，还可对报告项目进行更详细的划分，以满足信息使用者的各种查询要求，并使其方便地获取各项相关资料。财务信息披露采用 XBRL 标准后，审计部门不再需要以人工方式审查不同格式的资料，而可以直接通过标准应用程序取得客户财务资料，并通过网络进行连续、非现场的实时审计。

2. 会计与管理报表的编制与传递

公司内部往往需要作为经营分析使用的内部报表资料，但由于部门使用不同的软件或其他原因，部门之间的信息可能未能很好地实现共享，导致部门之间难以相互交流。以 XBRL 技术作为信息交流界面将成为一种低成本、跨平台的有效解决方法。

3. 向社会公众报告企业信息与进行监管

按照证监会的要求，上市公司必须在指定的媒体（报纸、网站等）和证券交易所公开发布公司相关的公告事项，如半年报、年报、内部人股权移转、公司管理层变动等。企业采用 XBRL 可极大地提高按证监会、主管部门要求编制与传递财务报表等申报材料的效率。这在一定程度上规范了证券市场的信息披露，并可提高证券市场信息的透明度与可比性。

4. 税务资料的编制与传递

通过 XBRL 的应用，各企业的申报纳税资料可直接由公司编制财务报表的同一资料库直接产生，不必另外进行数据的整理准备，并可以从网上直接传给各税务部门，实现纳税申报的无纸化、信息化。这样除了可以有效避免人为的数据输入错误，提高税务部门的工作效率外，也使报税人不必在申报期间亲自到税务单位报税。

5. 向主管部门报送企业报告

各级政府主管部门（如统计局、行业主管部门）会要求企业按规定格式申报企业财务资料。如果企业能按要求采用 XBRL，则其报表的编制、传递效率与正确性都可以提高，也可以减轻主管部门在整理、建档方面的工作负担。

6. 财务信息的综合利用

XBRL 的出现为不同系统的数据交流提出了一个低成本、高质量的方案。只要将输入、输出接口设计为以 XBRL 为基础的统一格式，就可解决整合性系统跨越各种不同平台的问题。对于债权人、投资者和其他信息使用者而言，XBRL 提供的数字化财务信息可做到信息共享，信息使用者能简便地搜索到特定信息，有效做出分析决策。对于软件制作企业而言，所有有关财务信息的软件产品均可运用 XBRL 作为其输入和输出的形式，即 XBRL 增强了与其他财务核算和分析软件的协同性。

7. 会计文献与相关法规的保存与传递

会计文件和相关法规等文档资料的保存和阅读通常需要用专门的软件来

处理。如果采用XBRL技术，由于XBRL的文件是以AsCII码的方式来保存的，所以只需利用简单的文字处理软件就可以对其进行读取或修改，而不再需要使用专用数据处理软件了。而且由于XBRL文档具有可读性与易维护性，故它非常适用于需长期保存的文献资料。美国财务会计准则委员会与英国会计准则委员会已发布了一种标准方式来描述与会计相关的文献，使其资源利用更为方便。

四、基于XBRL的“互联网+”时代财务会计报告模式的优势

任何对财务信息感兴趣的信息使用者都可以通过基于XBRL的“互联网+”时代财务会计报告模式免费获取或交换信息，该模式具有如下优势。

（一）财务报告可以做到实时发布，使财务信息影响决策的能力增强

网络财务报告的一个质量特征是实时性。只有提供最新的、及时的财务信息，信息不对称状况才能明显改善。利用XBRL，通过将会计业务系统和财务报告系统互联，从经济业务的发生、凭证信息的输入、处理到财务报表的输出几乎可以在同一时间内完成，就可以将公司的财务状况实时地在网上进行披露。

（二）利用XBRL可以提高编制和发布财务报告的效率，降低人工数据采集的风险

由于XBRL的兼容性好，各种应用软件都能够正确、有效地读取XBRL格式文件，从而可以达到“数据一次输入，多处使用”的效果，减少重复劳动，增加信息的正确性，提高工作效率。

（三）利用XBRL可以降低财务信息的采集成本，增强财务信息交换和流转的效率

基于XBRL架构的财务信息具有标准格式且其兼容性好的优点，一次生成后，就可以直接在会计师事务所、监管机关、互联网站以及出版印刷单位之间流通。另外，由于XBRL是以XML为技术基础的，其本身就是一种跨

平台的纯文本的描述性语言，因此信息交换也具有跨平台的特性，从而提高了信息交换的速度。

（四）财务信息相互连接可扩大财务报告的信息量

现有财务报告模式是一种扁平式体系，每一个公司的报表几乎是千篇一律的，其信息含量有限。现在经济环境更不稳定，信息使用者面对的决策更复杂，需要的信息含量更多，有限的信息含量无法满足他们的需求。在XBRL出现之前，信息使用者必须将数据输入分析软件中，这样不但浪费时间，而且使财务信息的及时性降低，还可能在输入过程中出错而得出错误的财务信息，最终对决策产生不利影响。利用XBRL后，各种相关资料相互连接，便于信息使用者做出正确的决策。

（五）提高转换各国财务报告格式的速度

XBRL的开发可以高效地编制各种格式的财务报表，并从各种格式财务报表中快速、可靠地抽取特殊的财务信息。普华永道咨询公司合伙人Bruno Tesniere指出，将多种语种技术融入XBRL，为全球公司报告的发布和分析开创了崭新的局面。有了这项技术，尽管不通晓某种语言，人们仍可以通过互联网搜索该语种的财务文件，并将其自动转换为期望的语种。

（六）便于财务报告的审计

网络审计是未来审计发展的趋势，XBRL的应用有助于开展网络审计。由于XBRL标准统一了审计软件和会计软件的接口，所以会计师可以通过网络获取企业财务数据，并利用数据接口将数据导入审计软件中，自动进行数据审计，还可以利用数据挖掘技术及时找到高风险的事项，这些都可以通过软件自动进行，会计师根据软件找到的问题再利用专业判断，就可以在降低审计风险的同时确保网络审计的有效开展。

（七）让财务报告供应链上的利益相关方都能从中受益，达到“帕累托最优”

该模式充分考虑了财务报告供应链上利益相关方的需求，而不是考虑少数人的利益。就上交所来说，将XBRL应用到本所的上市公司定期报告摘要报送系统中，可以使上市公司监管机构、交易所、会计师事务所、投资者、研究机构、证券信息服务商等上市公司信息的加工者与使用者以更低的成本、更高的效率实现信息的生成、提取、分析、交换和共享。图4-1形象地说明了XBRL在财务报告供应链中发挥的作用。

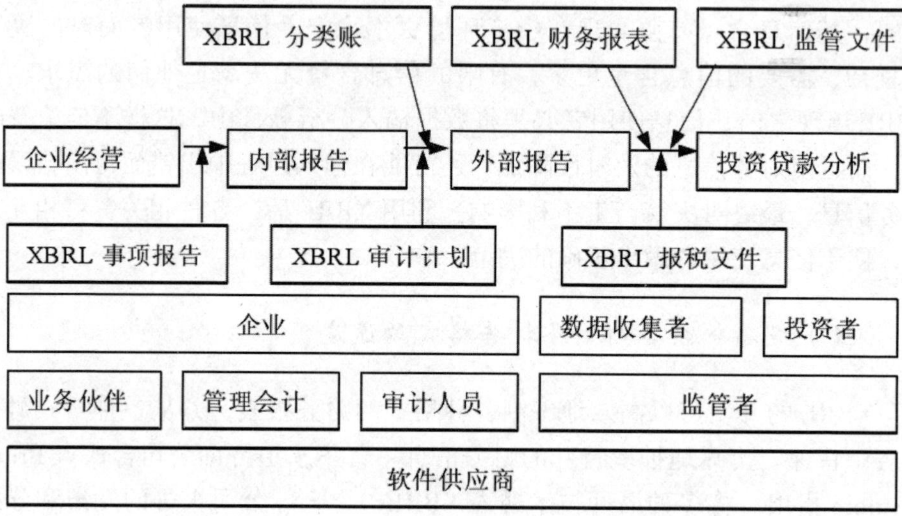

图4-1　XBRL与财务报告供应链相关方

（八）提高财务报告的透明度

自从安然事件后，财务报告的透明度问题变成人们关注的焦点，人们呼吁提高财务报告的透明度。利用XBRL通过应用程序可以将任何格式的公开的财务资料生成财务报告在互联网上发布，提高财务信息的透明度。

综上所述，基于XBRL的"互联网+"时代财务会计报告模式将是未来的一种发展趋势，通过使用者自定义报告与通用财务报告的结合，最大限度地满足了财务报告使用者各方的需求，具有明显的优势。因此，笔者认为应该在我国推行基于XBRL的"互联网+"时代财务会计报告模式。

第五章 “互联网+”时代电子商务对财务会计发展的影响

第一节 电子商务对财务会计系统的影响

一、电子商务对财务会计领域的影响

（一）传统会计假设理论有待进一步完善

会计假设理论（会计主体假设、持续经营假设、会计分期假设、货币计量及市值不变假设等）已无法满足电子商务发展的客观需求，暴露出许多局限性。例如，企业间虚拟联合、战略联盟的出现打破了原来会计主体假设的活动范围；网上兼并、收购、破产对持续经营假设提出了疑问；会计实时报告系统的出现使随时生成财务报告成为现实；电子货币、电子银行的出现使无纸化、非货币计量交易梦想成真。为了跟上电子商务时代的发展步伐，传统的会计理论必须不断完善、修正和改进。

受电子商务特殊性的影响，电子商务交易真正实现了无纸化办公，这对传统财务会计来说是巨大的挑战。传统会计在记账的时候，全部以书面形式进行，而电子商务形式下的会计记账是将原始票据和凭证录入电脑中，由电脑自动完成传统会计手动完成的各项工作。但是，电子商务形式下的会计数据是以电子信号形式被保存的，这些信息可以随意修改而不会留下任何痕

迹。所以，对于企业而言，其信息数据的可靠性就会受到质疑，针对会计信息开展的企业战略规划也会受到影响。当前，电子商务会计数据能不能成为有效证据已经成为一个国际性问题。如今的电子商务会计在做账的时候全部使用的是电算化，电脑打印后装订成册，这就需要有规范化的电子商务模式。只有这样，电子商务会计数据信息才能得到法律上的保障。

（二）电子商务要求会计服务范围更加广泛

电子商务是信息社会的产物，它将原有的商务活动扩散、伸向商品生产企业的采购、销售环节，伸向政府的贸易、调控采购部门，伸向消费者的办公室、家庭等网络可以到达的一切地方，从而形成了全球统一、规范竞争的有序的大市场。会计为了更好地适应电子商务的客观要求，服务于这个大市场，其服务范围也应不断扩大，不仅要服务于物质生产领域，还要服务于非物质生产领域，即面向政府、流通行业、生产行业、消费者及国内外贸易的各个方面。

（三）电子商务要求会计手段多样化、现代化

在信息时代，企业的竞争非常激烈，作为一种以提供财务信息为主的经济信息系统，为了不断满足财务报告需求者的客观需求，会计必须采用多样化、现代化的手段为企业提供服务。会计电算化、网络会计的出现打破了原先束缚会计自由发展的桎梏。会计实时报告系统的应用更加速了财务报告生成的及时性，为会计的充分发展提供了一个新的契机。

（四）电子商务需要高素质的复合型会计人才

电子商务使会计的工作效率得到明显的提高，通过网上银行可以实现资金的流通，网络系统生成的实时会计报告可以使财务系统的应变能力得到提升。电子商务时代的会计工作不会受到某些客观条件的制约，通过互联网可以完成所有的工作，传统的工作环境和工作形式都发生了改变。由于电脑可以完成很多工作，企业需要对工作岗位进行调整或者是撤并，需要根据工作形式的改变对企业会计的工作任务进行变革，从而满足企业会计工作人员的技能标准。电子商务形式下的企业会计需要使用网络和电脑来处理工作业

务，这就对会计工作者又有了新的要求，即要求其不仅熟悉会计业务，还要能够熟练进行电脑操作，掌握现代主流会计软件的操作方法，从而满足快速发展的电子商务需求。只有从根本上不断提高对电子商务会计工作的认识，才可能实现对传统会计工作的改变和整合，进而使企业高效、优质地完成财务工作。

市场的竞争就是人才的竞争。完整的电子商务内涵由四个方面组成，即前提条件，人的知识与技能，系列化、系统化的电子工具，以商品交易为中心的各种经济事务活动。由此可见，电子商务的核心是人才。电子商务作为信息现代化与商贸有机结合的产物，既需要能够掌握及运用电子商务理论与技术的专业人才，又需要精通财会理论知识及具有实践工作经验的复合型、全方位人才。

（五）电子商务要求会计市场国际化

随着电子商务的不断发展、扩散，会计市场必将打破国界而趋于国际化，使全球各地区的人们可以在国际化的会计市场中方便地寻求自己所需要的会计商品，同时为其他用户提供自己的会计商品，最大限度地实现会计商品等价交易的双重耦合。会计市场国际化也为电子商务的进一步发展提供了新的契机。

二、电子商务对财务会计管理的影响

（一）对财务的组织结构的冲击

电子商务时代，财务部门与其他部门的分工逐渐模糊，以往由财务部门处理的一些核算业务将按其业务发生地点归到制造、营销、供应、仓储等部门来完成。财务内部从人员集中的实体综合职员管理部门机构逐步转变为人员分散的虚拟部门机构。财务部门内部的人员分工，岗位设置也将发生很大变化。以往的财务部门管理将逐渐分解，被虚拟网络的财务管理岗位、权限替代。

（二）对财务处理流程的冲击

传统分散的财务管理模式根本无法适应电子商务时代的需要，在电子商务环境下，计算机网络代替了纸笔、计算器，电子单据在线录入，电子货币自动划转，财务业务协同，所有信息全面融合。财务管理无须划分为一个个各自独立的环节，所有信息融合为一条连续的信息流，所需要的任何财务信息都可直接从网上获得，并且可以充分利用网络优势，将众多的财务数据进行集中处理，集中调整现代企业的所有资金。

（三）对财务实施方式提出了新要求

在电子商务时代的经济条件下，现代企业的财务管理要通过计算机网络完成对原材料数量以及产品生产量、存量、销售量和需求量等的计算。这就对现代企业的财务管理提出了新的要求，要求现代企业能够实现远程处理、集中处理和在线处理。

三、电子商务对现行财务会计报告的影响

以网络环境形势为背景，企业可以随时为社会大众、债权人和投资人提供详细的会计信息，只要创建网络实时报告体系就可以提供这些会计信息。新形势下，企业在财务会计报告方面面临着巨大的挑战，但也遇到了促使企业会计快速成长的良好时机。传统会计报告中的信息都是企业管理者在日常经营管理中的经营信息，传统会计报告是针对债权人和投资者开展的。电子商务出现后，会计报告则倾向为企业决策者提供更为全面的会计信息，帮助企业决策者做出新的战略决策。新型的会计报告模式可以突破时间和空间的限制，并且不再受到传统的资产、负债、所有者权益、收入、费用和利润等方面的限制，可以将企业经营过程中的所有信息全面地、实时地反映出来。

现行财务报告的局限性主要体现在以下几个方面。

（1）现行财务报告体系重视对企业有形资产的报告，对无形资产的揭示却不够。在“互联网 +”时代，无形资产已取代有形资产在企业生产经营中的重要作用，如果在财务报告中不能对无形资产做出充分的揭示，将会妨碍信息使用者对企业整体价值的评估。

（2）现行财务报告所呈报的是一种历史的、货币化信息，难以对电子商务时代企业的生产经营状况做出全面揭示，其原因主要有以下几个方面。

①缺少有关企业未来机会及风险的预测性信息。

②缺少非货币信息。

③信息缺乏时效性。受制于信息收集和处理的能力，现行财务报告不能将企业的经济活动及时地向信息使用者进行披露，其所提供的信息主要是一种面向历史和过去的信息。

（3）现行财务报告体系是建立在历史成本计量属性基础之上的，这种呈报方式所反映出的资产与其公允市价之间的差异不利于信息使用者对企业整体规模和真实生产力做出准确的评估。特别是在“互联网 +”时代，随着知识和技术创新速度的加快，企业产品和设备的生命周期大大缩短，如仍根据历史成本对企业资产进行计量，会极大地扭曲这些资产的现时价值及生产力，从而误导信息使用者。

现行财务报告是一种通用性的财务报告，这种报告模式有以下两个明显的缺陷：一是忽略了不同信息使用者在信息需求和使用上的差别；二是报表要素划分比较综合，许多会计数据在分类、加工、汇总的过程中失去了其本身的含义。

在“网络财务”概念中，网络计算将极大地延伸会计核算的时间和空间范围，提高会计核算效率；动态核算将极大地改善会计信息的及时性、丰富会计信息内容、提高会计信息价值；实时报告将极大地提高会计信息质量，更有效地为会计信息使用者提供决策服务。

第二节　电子商务对财务会计实务的影响

一、基于电子商务环境的会计确认

（一）电子商务对权责发生制的冲击

权责发生制是企业在进行会计确认时采用的一项基本原则，其主要内容如下：所有在当期已经实现的收入和已经发生的费用，不管款项是否收到和支付，都作为当期的收入和费用加以确认；所有在当期并未实现的收入和发生的费用，即使款项已经收到和支付，也不作为当期的收入和费用确认。之所以这样规定，是因为有的时候企业发生的交易业务与货币的收支情况并不一致，如销售已经实现但并未收到款项，或者虽然款项已经支付，但并不属于本期的生产经营活动，因此不能算为本期的费用。采用权责发生制可以实现收入和费用的配比，精确地反映企业的经营业绩和财务状况。与权责发生制相对应的另一种确认基础是收付实现制，这种确认基础规定，只要是当期收到或支付的款项，不管收入有没有实现，不管是不是当期的生产经营活动，都作为当期的收入和费用加以确认。凡是当期没有收到或是支付的款项，即使属于当期实现的收入和当期的生产经营活动所产生的费用，也不作为当期的收入和费用确认。因此，收付实现制没有收入和费用的配比问题。

进入网络经济时代，随着电子商务的出现，经济环境的变化使权责发生制遭到了冲击。我们知道，权责发生制建立在会计分期假设的基础之上，在进行会计记录时会产生资金的预提和待摊等问题，带有明显的主观因素，可能导致人为地高估或低估会计信息，使会计信息的质量不能得到有效保证。比如，有的学者认为在电子商务环境下，根据虚拟企业临时性、短暂性的组建和业务交易完成后迅速解体的特点，在进行会计核算时不需要收入和费用的配比，加上由于用交易期间假设代替了原有的会计分期假设，所以同样可以用收付实现制代替权责发生制。而且在电子商务环境下，由于人力资本、信息技术、知识等无形资产对企业生存的重要性，更多的信息使用者更希望了解企业未来的发展趋势和盈利能力，显然采用权责发生制不能满足信息使用者这一要求。另外，在网络经济时代，货币的时间价值得到凸显，而在权责发生制下对收入和费用的预提和待摊显然没有考虑到货币的时间价值，因此不能体现企业获得的利润来源。有的虚拟企业可能有净利润，但不一定有现金进行对外投资、购买生产所需的原材料和给员工发放奖金。有的网络公司靠卖数字化产品赚取利润，但有的数字化产品要让客户先试用，然后决定是否购买，购买后还要先付款而后才能将其购买的产品升级到新的版本。这些特点决定了款项是否能够收到，带有很大的不确定性，公司只有在收到现金时才能进行收入的确认。因此，在这种情况下，收付实现制是简单而且是易实现的，为公司省去了很多烦恼。

（二）数字化商品的会计确认

在传统商务活动中，计算机软件、影视产品等以实物产品形式出现，在会计上作为存货以历史成本原则对其进行确认和计量，进行进、销、存数量金额核算并反映到会计报表上。在电子商务环境中，数字化商品一般是指由数字比特构成的数据库、新闻和信息、书籍、杂志、电视和广播节目、电影、电子游戏、音乐唱片以及计算机软件等，这些数字产品已突越了资源限制的约束，数量和内容可无限制地复制，按实物产品方式反映资产价值已失去了意义。在具体会计核算上，这些产品无法反映具体存货数量和金额，只有销售数量和销售额。而且由于采用的销售方式不同，因而销售收入确认的条件与时间也不尽相同，收入与成本的配比原则难以实现。需要注意的是，有些数字化商品的收入是视同销售还是视同使用费收入往往难以准确界定。

（三）电子会计凭证的确认

电子商务过程中所产生的原始凭证必然是电子形式的原始凭证。电子会计凭证是会计处理的数据源，其确认十分重要。会计要审核一份企业交易的电子原始数据不能简单地像传统会计审阅纸张式原始凭证那样，因为会计人员很容易辨识纸质凭证上的签名证实书面材料，对于电子会计凭证，则要考虑到电子原始数据生成的确认、数据存储的管理控制以及传递过程和方法的可靠性。对电子商务中发生交易业务的电子数据审核，除了对一笔业务的不同数据记录进行核对外，还要特别关注业务经办人、批准人、签约人等人员的电子签字以保证有关责任人对业务和相应记录的完整性负责。既然电子签名是未来电子数据的确认标记，当然就包括电子的原始凭证，因而电子签名对会计原始凭证的作用应当给予承认。会计怎样认证电子签字的有效性也是一个不可忽视的问题。电子签字若是使用现在大多数会计核算软件中那种普通的汉字或字母代码填写，就容易产生伪造和舞弊，会计人员就无法辨认这些数据的真伪性。解决签字有效性的做法是采用加密码签字。

（四）销售收入的确认

现行会计准则中收入实现的条件如下。

（1）企业已将商品所有权上的主要风险和报酬转移给购货方。

（2）企业既没有保留通常与所有权相联系的继续管理权，又没有对已售出的商品实施控制。

（3）与交易相关的经济利益能够流入企业。

（4）相关的收入和成本能够可靠地计量。传统的商品交易以契约为保证来进行相关销售收入的确认。在电子商务交易中，一是流通环节中的机构（如商店、贸易公司、批发站等）和程序将大大减少；二是就每一项交易本身而言，交易时间大大缩短，并且通常不存在合同契约之类为确保收入顺利实现而制定的具有法律效力的文件。在当前社会诚信度普遍不高的情况下，企业一般不敢在无契约的条件下发货，提供服务或劳务。无论是电子商务开始较早的美国，还是把电子商务炒得沸沸扬扬的我国，电子交易的支付方式都局限于信用卡、电子现金等，且交割方式都体现为款到发货。即使部分送货上门的交易，也是一手交钱一手交货。传统交易中那种多个环节、多个期间方能完成一次交易，可以先于收到款项而发出商品或提供服务的情况将不复存在。而且出于利益的驱动，互联网公司都乐于将不同交易方式产生的资金流全部记为网上收入。事实上，互联网公司获得的仅是该销售收入的一部分。随之而来的问题是，电子商务环境下，收入实现确认同时满足现行准则中的四个条件几乎已无可能，并且目前无规则来界定互联网公司的销售收入和代理收入、真实收入和虚拟收入等，这意味着即使是收入这样的简单概念，在网络经济运作模式下也需要重新加以规范。

二、基于电子商务环境的会计计量与会计记录

（一）电子商务环境的会计计量

1. 历史成本

虽然历史成本难以准确地反映会计要素在企业经营循环过程中的变化，但电子商务营运环境可能给历史成本的主张者带来强有力的支持。这是因为竞争时代采用的是即时生产方式，根据消费者的需要确定企业的生产量，而电子商务的快速反应使存货可达“零状态”，这便在一定程度上减少了存货等资产因采用历史成本计量所带来的弱相关性。企业物流配送的“零库存”可能导致历史成本与现行成本差距缩小，配送中心根据订单组织存货，实行即时采购、即时配送、即时分拨，因而对存货等流动资产而言，历史成本就可能接近现行成本，由此也就使其相关性有了很大的提高。

2. 现行成本

现行成本的一个重要特点就是随着物价的变动而及时地对资产的价值进行调整。在传统的商业模式下，现行成本仍然存有许多不足，如它难以存在与原持有资产完全吻合的重置成本，使财务报表项目之间仍然缺乏可比性，以及在计算上缺乏足够可信的证据，因而影响会计信息的可靠性等。然而，

它在保证会计收益与经济收益趋于一致等方面是其他计量属性所不能及的，因而在电子商务会计中也应占有一席之地。同时，电子商务的全球化与实时性的特点为现行成本的计算提供了可能，信息中介所提供的商品价格动态信息库使各项资产的市场价格唾手可得，因而使企业的各项资产的现时投入成本的计算变得十分方便。这可能会促使许多学者对这一计量属性的利弊及可操作性重新加以评价。显然，在历史成本与现行成本两种计量属性的选择上，历史成本具有较好的相关性，但要使任何资产在企业停留一段时间之后仍然完全与交易价格不相背离是不现实的。现行成本以多数资产均可根据网上所公布的市场价格获取重置成本而使计算操作变得可行。当然，历史成本与现行成本的本质区别总是存在的，面对这两种较为可行的计量属性，需要针对不同的资产科学地加以选择。

3. 未来现金流量的贴现值

未来现金流量的贴现值的优点体现在以下两个方面：一是从产出角度计量资产；二是可以实现会计信息的相关性与可靠性的有机结合，不会产生此消彼长的现象。电子商务的兴起大大加速了企业的创立和经营过程，这些新设立的公司从自身利益出发，都可能将未来现金流量的贴现值视为企业市场价值的一个很重要的估值方式，进而采用这一指标进行估值。同时，对于有形资产来说，采用未来现金流量贴现值无疑更符合投资者的需要。

（二）会计记录

网络的迅速发展衍生出了电算化会计这一特定经济环境下的科目，未来，在电子商务环境下会计记录会朝着无纸化的趋势发展，因为很多网络公司可以在网上接收订单进行生产和销售，公司经营形式的改变必然会对会计记录产生冲击。在传统的会计模式下，会计记录通过一些原始的凭证被记载在纸质媒介中，而无纸化的贸易模式使会计记录可以被保存在硬盘、磁盘等物理介质中；在电子商务环境下，会计报告由会计信息系统直接生成，而不再像传统的会计核算那样由专业会计人员进行编写，而且由于网络的开发性和越来越多的潜在投资者的存在，他们没有必要再到专门企业的会计部门获取会计信息，只需在网上进行查询就能满足其信息使用要求。以上特征都会对会计记录方式产生巨大的影响。但是，电子商务会不会导致会计记录的完全无纸化？笔者认为到目前为止还不会，因为要实现完全的无纸化还存在以下问题。

首先，传统会计核算方式下的记账凭证种类繁多，借方金额、贷方金额、凭证编号、借贷方向都有完整的格式和对应项。在电子商务环境下，要使电子原始凭证达到原始凭证的要求还有待进一步的开发和完善数据结构，使不同的交易能够找到与其对应的电子原始凭证。

其次，安全问题阻碍了会计记录的无纸化，我们知道，传统会计报告由专业会计人员编写，会计人员利用高水平的专业技能并在执业过程中遵守职业道德准则编制报表，编出的报表可靠、完整、真实，而且报表由专门人员保管，安全性较高。电子商务环境下会计报告的生成要通过会计电子数据的传输、储存、处理等一系列过程，人为操作的失误和网络病毒、黑客的入侵等威胁都没有得到彻底有效的解决，只能尽可能地防范。

最后，相关法规制定落后。电子商务会计在理论界还属于一门新兴学科，学者对其的研究也是处于开始阶段。我国会计准则和法律还没有对电子商务会计的发展做出迅速的反应，也没有相关规定出台。我们知道，任何新兴事物的健康良性发展都离不开法律作为保障，虽然我国目前出台了一些相关政策，如电子签名法等规定，对促进电子商务起到了积极的推动作用，但是我国还处于电子商务发展的初级阶段，传统的会计模式仍在相当大的范围内起作用，很多问题尚无明确的规定，如电子会计凭证没有签名是否有效，无纸化的数据会不会成为审计和资产评估的证据等问题都成为会计记录无纸化完全加以实施的束缚。

三、基于电子商务环境的会计信息系统

会计信息系统经过多年的发展，已在技术上实现了从 DOS 平台转到 Windows 平台，在模式上实现了模拟手工转到替代手工，从核算型逐步走向管理型。会计信息系统本身依赖企业的信息网络，将企业从内部局域网到外部互联网上接收到的各种信息数据进行加工、处理，并通过该网络对外发送数据信息。其运行的工作环境基础就是企业局域网络和外部互联网，而电子商务其实质也是基于互联网核心技术的一种集商业、贸易、工程、作业于一体的交易。两者从本质、核心来看都有一种质的联系，以及都以互联网为自身运行的工作环境基础。

财务报告是指企业对外提供的反映企业某一特定日期的财务状况和某一会计期间的经营成果、现金流量等会计信息的文集。财务报告包括财务报

表和其他应当在财务报告中披露的相关信息与资料。财务报告包括资产负债表、现金流量表、利润表、所有者权益变动表和附注。在电子商务环境下，财务报告都是由会计信息系统自动生成的，实时的财务报告系统得到了普遍的认可，因为其能够满足信息需求者获取对企业财务状况和经营成果的最新信息的需求，及时、准确地预测公司未来期间的盈利能力以快速做出决策。网络技术的迅猛发展和信息技术的广泛应用使传统会计模式下的财务报告不能有效地满足信息使用者的需求。传统的财务报告多以历史成本原则进行编报，这在时效性上就失去了优势，不符合网络经济环境下对信息的要求，以此呈报的会计信息质量也较低。在电子商务环境下，互联网技术的发展完全可以消除传统计量属性的限制，利用会计报告系统编报的报表可以实时反映交易或事项的公允价值和重置成本等现实价值。随着网络技术的发展，会计信息系统也面临着严峻的考验。

第一，电子商务要求会计服务范围更加广泛。电子商务是信息时代的产物，其活动领域包括从政府到市场、从市场到生产、从生产者到消费者，从而形成了全球统一、规范竞争、有序的大市场。会计为了更好地适应电子商务的客观要求，服务于这个大市场，其服务范围也应不断地扩大。不但要服务于物质生产领域，还要服务于非物质生产领域，面向政府、流通行业、生产企业、消费者以及国内外贸易的各个方面。

第二，电子商务要求会计手段多样化和现代化。在信息时代，企业间的竞争更加激烈，谁掌握先进的科学技术和最新的商务信息，谁就能在竞争中处于领先地位。在电子商务中，企业运用互联网以及收款机、电子货币等各种现代化的电子信息工具，使各经济主体间的经济交易得以迅速、准确地进行。只有实现会计手段的多样化、现代化，才能满足电子商务环境下会计业务的要求，为会计信息使用者提供及时、准确的会计信息。

第三，电子商务需要高素质的复合型会计人才。市场竞争就是人才的竞争，电子商务的核心也是人才。任何先进工具的制造、功能的实现都要靠人来完成。电子商务作为信息现代化与商贸有机结合的产物，需要既掌握电子商务理论与技术，又精通财会理论知识、具有实践工作经验的复合型会计人才。

第四，电子商务要求会计市场国际化。随着电子商务的不断发展和扩大，会计市场必将打破国界而趋于国际化，使全球各地区的人们可以在国际化的会计市场中方便地寻求自己所需要的会计商品，同时提供自己的会计商品。从另一个角度看，会计市场的国际化也为电子商务的进一步发展提供了极为有利的条件。

四、基于电子商务环境会计报表的再设计

在电子商务环境下，新兴的会计计量方式——电子商务会计的出现要求财务报告能够准确地反映产品的收益成果、财务状况等信息。在电子商务模式下，有的网络公司有实体店面，有的网络公司只是单纯地靠销售信息产品为主要营业收入来源，其销售的产品往往是无形的。因此，与传统会计环境下会计报表的设计只针对实体物资相比，为了使电子商务环境下会计信息得以充分披露和规范，公允地反映企业的经营状况，消除信息使用者和信息发布者之间信息不对称而形成的柠檬市场，会计报表应该进行进一步的设计以反映信息资产的相关信息，财务报表的列报科目也应该相应地发生变化。

（一）资产负债表的再设计

电子商务模式下企业销售商品的对象可以分为无形的信息产品和有形的实务产品。依托互联网和信息技术，电子书、音像制品、数据库、各种应用软件等商品可以通过网络进行传输，其信息流、资金流和商品流在网络环境下实现了统一。前面已经叙述到信息产品不符合传统的有形资产（存货）和无形资产的概念，资产负债在设计时应该考虑到此方面的差异并把与信息资产有关的信息进行列报和披露。在电子商务时代，人力资本、知识、信息技术在企业的竞争中占有越来越重要的地位，信息产品的更新速度加快，在企业占的比重也越来越大，这就要求企业对相关资产进行及时、全面和详细的披露，因此在设计报表时应该进行简化，为实时报告提供便捷。电子商务环境下的资产负债表如表 5–1 所示。

表5-1　资产负债表

资　产	期末余额	年初余额	负债和所用者权益	期末余额	年初余额
流动资产			流动负债		
货币资金			短期借款		
交易性金融资产			应付票据		
应收票据			应付账款		
应收账款			应付职工薪酬		
存款			应交税费		
信息资产			应付利息		
信息资产研发支出			预提费用		
其他流动资产			其他流动负债		
流动资产合计			一年内到期的非流动负债		
非流动资产			其他流动负债		
固定资产			流动负债合计		
固定资产清理			非流动负债		
在建工程			长期借款		
无形资产			负债合计		
开发支出			所有者权益		
其他非流动资产			实收资本		
非流动资产合计			资本公积		
			盈余公积		
			未分配利润		
资产总计			负债和所有者权益总计		

（二）利润表的再设计

在电子商务环境下，很多实体的大企业都看准了这是一次扩张资本规模、扩展企业价值链的难得商机，纷纷搭建电子商务交易活动平台。实施电子商务的优点是不言而喻的，如可以降低企业生产成本，加快资本流通速度，缩减企业交易过程中许多不必要的流程，等等。很多企业都进行业务流程改造，实施 ERP 这一电子商务操作平台，但其投入是巨大的，由于 ERP 成功实施的风险很高，企业前期的投入能否带来预期的经济效益往往带有很大的不确定性。由于我国目前没有关于电子商务会计信息披露的相关规定，公司是否披露这些信息带有自愿性的特点，而这些信息对决策者做出正确判断很重要，利润表的再设计应该考虑到这一因素，把公司前期应该构成业务成本的信息详细列报。另外，有的虚拟企业主要的利润来源就是信息产品，并需要实时对外报告，针对这样的临时性企业，其利润表的设计应该尽量简明。针对上述特点，电子商务环境下的利润表如表 5-2 所示。

表5-2　利润表

项　目	本期金额	上期金额
一、主营业务收入		
加：其他业务收入		
电子商务贸易收入		
减：主营业务成本		
其他业务成本		
电子商务实施成本		
信息产品研发费用		
（电子商务）营业税金及附加		
（信息产品）销售费用		
管理费用		
财务费用		
加：公允价值变动损益		
投资收益		
二、营业利润		
加：营业外收入		
减：营业外支出		
三、利润总额		
减：所得税		
四、净利润		

第三节　电子商务对财务会计报告的影响

一、电子商务对财务会计报告框架结构的影响

界定框架结构的目的是明确企业实体编制财务会计报告的目的和提供财务会计报告有关的基础概念，是用来满足会计准则制定机构、编表人、信息使用者及会计师的需要。其主要内容有财务会计报告目的、会计信息质量特征、报表及其要素的确认和计量等。

二、电子商务对财务会计报告信息质量特征的影响

在电子商务环境下，财务会计报告的信息质量特征发生了变化，它不仅涵盖传统财物报告的质量特征，还有所创新。比如，在可理解性方面，不仅要求财务报告信息内容被使用者理解，还要具有易用性，即方便用户存取财务报告；在相关性方面，不仅要求财务报告具有预测性与反馈性，还要具有互动性。

三、电子商务对财务会计报告内容的影响

（一）对财务报表项目的影响

电子商务将导致有关报表项目在财务报表中的重要性的改变。企业的虚拟化使企业资产构成发生显著变化。一方面，固定资产、存货收缩；另一方面，无形资产的比例迅速提高。在电子商务环境下，知识资本、商誉、专利及人力资本逐渐成为企业财富的主要来源。

（二）对财务会计报告报表体系结构的影响

财务报表一直随着经济环境的变化而变化。早期的财务报告将重点放在资产负债表上；20 世纪 60 年代，人们开始重视损益表，此时他们关注企业盈利情况及每股收益状况；到 20 世纪 70 年代，通货膨胀、经济危机导致大量的资产一夜之间全无，人们又重新重视资产负债表；现金流量表则是在 20 世纪 90 年代美国建立了现金流量的现行规范后，逐步被世人接受，成为

三大报表之一。由此可见，每次大的经济环境变化都会促使财务会计报告体系不断完善。财务报表体系结构由收益计量理论决定。在收益观下，主张建立以收益表为中心的财务报表体系结构；在资产/负债观下，主张建立以资产负债表为中心、收益表为辅助的财务报表体系结构。在电子商务环境下，无形资产重要性的提高和越来越激烈的竞争环境要求将这两种体系结构统一起来，建立一种新的报表体系结构。

（三）对财务会计报告结构的影响

在电子商务环境下，企业面临的商业风险、技术风险和不确定性大大增加，信息使用者要求更快速、及时的信息。他们不再满足于通用财务报告所提供的浓缩、汇总、统一的会计信息，而是有其特定的信息需求，借助于现代计算机技术，对取得的不同类型信息进行整合、加工为自己所用。这在客观上就要求财务报告呈现多元化、复杂化的体系结构。

四、电子商务对财务报告确认与计量的影响

现行会计报告面向过去，反映未来，只提供过去和现在的财务状况和经营成果的信息，而无法反映企业未来的经济状况，这种以历史成本作为计量基础的报告与未来业绩的预计和充分计量并不相关，已不适应瞬息万变的决策需求。电子商务时代，商机稍纵即逝，历史信息可能转眼就失去使用价值，所以会计报告应引入其他计量基础，如公允价值、现值、可变现价值等。以前这些信息不容易取得且加工成本很高，所以提供以此为计量基础的会计信息不符合成本效益原则。而计算机技术和网络的高度发展使信息的实时收集和处理变成可能，从而为采用其计量基础呈报会计信息提供了技术上的支持。美国、英国、加拿大、澳大利亚及国际会计准则委员会在现行会计准则中都已经开始较为普遍地使用公允价值这一概念。我国2006年新颁布的《企业会计准则——基本准则》中就引入了公允价值计量，以适应经济环境的变化，并与国际准则接轨。

五、电子商务对财务会计报告对象的影响

在目前大多数的财务会计报告中，财务报告的信息内容是由企业提供的，而企业是按照利己原则披露会计信息的，也就是说，企业披露的信息并

不一定是其需求者所必需的，这就产生了一个信息不匹配的结果。理想的结果是，需求者想得到什么样的信息就可以得到什么样的信息，即按需定制财务会计报告。这也是财务报告发展的最高阶段。随着知识经济的发展、网络技术的应用和进步、会计实践的发展与要求，这种定制报告模式也将成为现实。在当前的电子商务会计环境下，企业被要求披露越来越多的信息，现行的财务会计报告目标——决策有用观念，被越来越多的人接受。这不仅对财务报告提出了更高的要求，还要求丰富和扩充会计报告的内容。会计报告的内容不仅包括历史信息，还包括未来信息；不仅包括评价受托责任履行情况的信息，还包括预测企业未来的信息。

六、电子商务对财务会计报告时效的影响

在电子商务环境下，报表披露时间的要求越来越高。信息使用者希望随时得到企业相关信息，以便投资、决策。当然，这不仅需要技术的支持，还需要会计理论的进一步指导、相关法律法规的进一步完善。但有一点毋庸置疑，未来财务会计报告披露时间会缩短，且信息量会增加。

第四节 电子商务对财务会计网络化发展的影响

计算机在财会工作中的应用被称为“会计电算化”，可以使财务人员从繁重的手工记账中解放出来，将更多的时间和精力投入财务监管中，充分发挥财务监督管理职能。随着社会的发展，信息技术、通信技术、网络技术的发展，会计电算化已无法适应现代化信息管理的需求。1999 年，深圳市财政局与深圳金蝶软件公司在深圳举办的“新形势下会计软件市场管理研讨会暨会计信息化莅临专家座谈会”上提出了会计信息化的概念，参会专家指出将会计信息作为管理信息资源，全面运用以计算机、网络和通信为主的信息技术对其进行获取、加工、传输、储存、应用等处理，为企业管理、决策提供信息保障。随着电子商务的发展，人们在互联网上进行的商务交易通常以虚拟方式出现，交易过程中双方互不相见，交易合同的签订、订货付款方式的选择和运输单据的电子化等所产生的会计信息具有动态性、多层次和多样化的特点，这要求会计工作方式集中化、会计管理模式移动化和会计监管体系信息化，构建一个依托网络环境，建立具有开放性、全球性，拥有会计核

算管理和财务分析决策功能的会计信息系统，以实现会计网络化。可以说，会计信息工作的网络化时代的到来建立在大规模计算机联网以及国际联网的基础之上，会计网络化不仅缩短了会计业务处理的时间，还实现了数据共享，提高了信息的时效性，满足了日益复杂的会计核算业务要求。

一、会计网络化的基本概念

（一）会计网络化的概念

网络会计依托网络环境，对各种商务交易和事项进行会计确认、计量和会计信息披露，其会计信息系统建立在网络环境基础之上。为企业内外部信息使用者提供决策有用的信息是网络会计的目标。

会计网络化是依托互联网平台进行会计核算以及财务管理，并将其应用在电子商务中。会计网络化的目标是运用网络技术，整合实现企业电子商务。

无论是网络会计还是会计网络化，都是构建一种会计信息系统，信息使用者通过数据库实时获取有关有用信息和记录，要求会计信息系统必须及时地反映交易活动，全面提供与决策相关事项的信息，从而加强会计信息对信息使用者决策的相关性。环境在变化，财务环境越来越复杂，完善会计信息系统，使其为企业相关决策者提供所需的会计信息或其他与会计相关的影响决策的有用信息，在满足用户信息需求多样化的同时保障信息的内容和质量。

（二）会计网络化的特点

传统的会计工作反映和记录企业资金运动的全过程，网络化会计倾向信息化管理，运用电子商务技术和网络技术对企业现金流量进行管理。相较传统的会计，会计网络化有很大的不同，具有以下特点。

1. 全面性

通过数字化对传统会计中一些不可计量的信息进行反映，如企业的知识资源、人力资源等非实物资产都可以数字化，从而实现对企业相关活动的全面反映。

2. 多样化

（1）会计理论多样化。会计目标呈现多样化特征，会计假设得到扩展，多主体、多币种、不等距会计期间成为可能和必要。

（2）会计方法多样化。会计核算能多种方法并用，以满足不同使用者对信息的要求。

（3）提供的信息多样化。会计信息既有财务信息，又有非财务信息，还有非货币信息；企业既可以定期（如按月、季、年）提供信息，又可以随时提供信息，既可以提供数字化信息，又可以提供图像化信息与语音化信息。

3. 集中性

会计信息资源基于网络技术的发展而高度共享，财务与企业内部各部门协同，遵循“数出一门，数据共享”的原则，企业的财务资源得到整合，竞争能力得到提高。

4. 动态性

业务信息实时转化，自动生成会计信息，使会计核算从事后核算变为实时核算、静态核算变为动态核算，使财务管理实现在线管理，而且信息生成后，将通过财务软件实时反映到企业公共信息平台上，信息使用者可以随时了解企业的信息，及时做出决策。

5. 自动性

计算机执行从会计凭证到财务报告全过程的管理，用户对信息的获取是主动的，用户可根据自己的个性需要，选择会计信息，由计算机根据选择的信息进行实时自动处理。

6. 开放性

会计信息具有开放性，大数据通过网络从企业内外有关系统直接采集，而企业内外的各个部门、机构，可以根据授权，通过网络直接获取信息。

7. 会计人员专业化

会计将由主要从事核算转向主要从事财务分析、决策和监督。这就要求会计人员必须更新知识结构，不断吸取新知识，不仅要掌握会计知识，还要有计算机、管理、法律等多方面的知识。

二、会计网络化的必要性

电子商务环境中的网上交易改变了传统商务的信息流和资金流，财务处理由原来的静态反映转变为实时的动态的会计反映，以满足相关信息需求者的实时财务数据共享。网上交易可以说在很大程度上使企业传递和收集信息的方式得到了改变，网络数据的共享性和开放性使信息传递的速度得到了提高。信息收集不再仅由原来的财务部门收集原始会计信息，而是转变为各部门将原始资料输入网络进行共享，收集的范围扩大了，数据的可靠程度也提高了，信息更加全面，尤其便于集团公司对众多下属机构的信息进行了解和集中管理。此外，网上虚拟企业的出现加剧了企业间的竞争，企业的资金流和信息流速度随之加快，同步的信息处理速度必须得到提高，财务处理必须是实时的、动态的。无论是信息数据的收集、传递还是处理，都需要加快速度，从而达到财务管理要求，满足信息使用者的实时数据需求。另外，由于企业外部环境竞争的加剧，企业运作速度提高，财务和业务协同化变得越来越重要，企业业务流转中的信息流、财务环节的资金流这两个重要环节的信息化加强了企业财务和其他业务之间的交流和协同作用，提高了企业财务部门与企业外部其他企业或社会机构的协同性。

从目前来看，计算机和网络技术发展迅速，同时伴随着电子商务领域的迅速扩展，企业必然要实现网络化，才能满足相关需求者对财务信息的多样化需求。目前，市场上的财务软件产品也在不断进行完善和升级，以越来越接近会计网络化所需的多功能软件，财务软件技术正在迅速向网络化方向发展。随着计算机的普及、企业互联网速度的提高，信息终端使用率增长，会计网络化必将随电子商务的发展而实现跨越式发展。会计网络化发展有效地对数据进行远程财务监控，统一进行资金调配，实现了企业集中化管理，有效提高了企业竞争力。企业在面对网络带来的越来越多机遇的同时，必须面对经济全球化的挑战。随着电子时代的到来，企业必须运用科学的理论和方法去改善其经营管理，给会计管理带来一系列变革，进而引起会计网络化革新。

三、网络财务报告的发展趋势分析

电子商务环境下计算机网络技术的应用使传统会计报告呈现出一定的缺陷，随着会计网络化，未来的会计报告可以结合企业电子商务环境下信息载体电子化、数据传输自动化的特点得到科学改进和应用。电子商务环境下会计报告信息披露的实时化、多元化、个性化要求以及计算机网络技术、数据处理技术的广泛应用使传统的会计报告模式很难满足会计信息使用者的信息需求，必须找出一种新型的会计报告模式来取代传统的通用报告，于是网络财务报告在需求与技术双重动力的驱使下应运而生。

对于网络财务报告，美国学者 H. Ashbaugh 等在 1998 年的一项名为《公司网络报告》（*Corporation Reporting on the Internet*）的研究中将网络报告定义如下：一个公司如果在其网站中提供了一整套财务报表（包括财务报表附注和注册会计师审计报告）、其年度报告在互联网其他地方的连接、与美国证券交易委员会（SEC）的电子数据收集、分析和提取系统的链接，那么可以认为该公司进行了互联网财务报告。[①] 国内学者沈颖玲认为，网络财务报告是指企业通过万维网或因特网相关的传播媒体披露企业的各项经营业务与财务信息，并将反映企业各种生产经营活动和事项的财务报告存储在可供使用者随时查阅的数据库中，供使用者查询企业的财务状况、经营成果、现金流量及其他重要事项。[②] 由此来看，网络财务报告可以理解为借助网络和计算机数据处理技术等现代信息技术，对企业的经营成果、财务状况、现金流量及其他重要事项加以传递和披露。其与传统纸质报告的本质区别在于网络财务报告以计算机网络技术为依托，使企业财务报告的实时化、个性化、交互式构想成为可能。网络财务报告的高级阶段是按需定制的财务报告，那么如何实现按需定制就是今后的努力方向。目前，PDF、Excel、HTML 和 XBRL 是网络财务报告披露方面的主要静态呈现技术。而现实中出现的各种情况说明 PDF、Excel、HTML 已经不能满足人们的需求。信息使用者的要求更加个性化、多样化，因此各大会计师事务所、各种金融机构、软件开发商联合起来开发出一种新型网络财务报告语言——XBRL，于是 XBRL 成为社会各界关注的焦点。那么，XBRL 又能否满足人们的各种需求呢？目前，在中国、美国、日本、德国、英国等国家，所有上市公司的年度财务报告基本上都可以从网上查询。而这一切的发展变化都预示着由于计算机和网络的普及应用，网络财务报告将得到更快、更广泛的推广和应用。但除 XML 格式外，其他格式的网络财务报告由于种种弊端，使信息的兼容性、交互性、速度性、准确性大打折扣，在此背景下，美国注册会计师查尔斯·霍

① ASHBAUGH H, JOHNSTONE K M, WARFIELD T D. Corporation Reporting on the Internet [J]. Accounting Horizons, 1999, 13(3): 241-257.

② 沈颖玲．网络财务报告研究 [M]. 上海：立信会计出版社，2005: 19-20.

夫曼（Charles Hoffman）于1998年向美国注册会计师协会（AICPA）提出了网络财务报告采用XML的建议，并于1999年正式将其命名为XBRL。由于XBRL技术上的优势，采用该格式的成员迅速增加，并且成立了XBRL国际组织（XBRL International）。2000年7月，XBRL国际组织公布了第一个XBRL技术规范1.0，2003年12月制定了XBRL技术规范（Specification）2.1、XBRL2. 1规范指南（Conformance Suite）、XBRL财务报告分类标准体系1.0（Financial Reporting Taxonomies Architecture，FRTA），说明XBRL的各项体系开始慢慢完善，从此XBRL在全球范围内得到推广。所以，可以说XBRL使网络财务报告的各种弊病不再出现，是网络财务报告的未来。网络财务报告应该走以建立按需定制网络财务报告为目标，网络财务报告内容多样化、形式多元化、财务系统实时联机化、财务报告技术向动态交互型过渡的道路。

第六章　“互联网 +”时代财务会计面临的挑战

随着“互联网 +”时代的到来，财务会计发生了诸多变化。高速发展的互联网是社会各领域充分融合的产物，“互联网 +”是其发展的新形态，对我国社会主义经济建设产生了不可忽视的影响，推动着社会经济的发展，并影响着会计行业的发展趋势。目前，我国的会计行业仍存在着这样的或那样的不足，传统的财务会计面临诸多挑战，所以本章将对“互联网 +”时代下财务会计面临的多种挑战进行分析。

第一节　“互联网 +”时代对财务会计理论的挑战

一、对会计基本假设的挑战

（一）对会计主体的影响

“互联网 +”时代，会计主体不再是单纯的企业本身或者集团本身，而是当今互联网信息时代造就的网络公司。网络公司是一个虚拟公司，只是为了某一个共同目标临时组成的结盟体，没有固定的办公场所，甚至连固定的形态都没有，仅凭借几台电脑和几个工作人员就可以开展会计业务活动。当共同的目标达成之后，网络公司就可以随时解散。类似“网络公司”等新兴的网络经营主体的出现动摇了传统会计基本假设中的会计主体假设。

（二）对持续经营假设的影响

只有在持续经营假设背景下，资产的计价、收入配比、费用分配才有依据和意义。在“互联网 +”的大环境中，虚拟的网络公司利用发达的信息技术打破了原来的时间间隔，既可临时组建也可随时解散。在这种情况下，是否要采用清算会计或者其他会计处理方式成了一个亟待解决的问题。

（三）对会计分期的影响

传统会计将企业的经营周期连续划分为长短相同的时期，而在“互联网 +”时代，强大的互联网技术克服了会计数据收集和处理的障碍，企业的相关财务信息可以随时进行收集处理并生成相应的财务报表，即“实时财务报表”。会计核算从“事后执行”转变为“实时进行”，财务管理由“静态管理”向“动态管理”转变，会计监督从“间歇性监控”转变为“持续监控”，在这种情况下，会计分期似乎失去了其存在的意义（郭茂林，2018）。

（四）对货币计量的影响

传统的会计货币计量假设是指企业在多个计量单位中选择货币进行统一计量，便于不同的企业采用统一口径来衡量其经营成果和财务状况。但随着“互联网 +”时代的到来，一股数字化浪潮对会计产生巨大的影响。新兴数字货币的出现打破了传统货币计量的概念，区块链技术的发展也促进了新型数字货币的兴起。与此同时，货币所反映的会计信息不再是信息使用者做出决策的主要依据，企业创新程度、虚拟企业创建速度、复合型人才价值等指标更能反映企业未来的盈利能力。上述出现的这些情况均对传统货币计量产生了深刻的影响。

二、对传统会计确认、计量的挑战

在“互联网 +”与社会各个领域相互融合的过程中，企业经营管理上的创新与发展也随之而来，互联网大环境下的创新产物对传统会计的确认和计量也产生了影响。

（一）对会计确认的挑战

在互联网的商业模式下，会计确认对象逐渐多样化。互联网企业以“轻资产”为特征，其与传统意义上的“资产”概念大不相同，此时考核企业整体获利能力的指标不再局限于固定资产等资产金额的多少，而更多地体现在平台上交易成功的数量和金额、拥有注册用户的数量、行业整体排名等方面，包括对虚拟资产的确认，这些“新型无形资产”显然无法按照传统的会计准则确认方法予以确认。虽然这些“新型无形资产”没有实物形态，但它的存在最终会给企业带来直接或间接的经济利益流入，符合资产的定义，所以应当将其作为资产进行会计处理。由此可知，该类资产的确认是对会计的一个考验。

（二）对会计计量的挑战

在传统会计处理中，我们通常使用“历史成本”属性来计量，但随着互联网应用的发展以及计量对象的多样化，历史成本因其固有属性的限制，在互联网环境下的应用具有一定的局限性。虚拟公司的交易更多地涉及存在活跃市场的商品或金融工具，价格随市场环境的变化而发生变动，此时如果仍然用历史成本计量属性则不能公允地反映相关资产的信息。

在计量单位的选择方面，传统会计以货币度量为主。随着互联网的应用及计量对象的不断扩充，历史成本计量因其相关性差等受到冲击。在传统商品销售中，商品只能销售一次，且随着销售的发生商品的所有权同时发生转移。对于虚拟资产来说，虚拟物品可以被多次重复销售，产品的复制成本可忽略不计。由此，虚拟物品的价值就大大超出原来的成本投入，虚拟货币的广泛应用使货币在会计计量上具有较大的局限性，越来越多的会计信息无法通过货币来反映，用货币计量将影响会计信息的质量，从而降低信息使用者的决策相关性和可靠性。

如此，虚拟资产的价值与其产生的未来超额利润直接相关，未来现金净流量法充分考虑了货币的时间价值以及虚拟资产未来的盈利水平，只要未来现金净流入能够可靠地加以预计，虚拟资产的计量就将适用于未来现金净流量法。在“互联网 +”的发展下，将出现更多的创新产物，应合理进行其在会计上的确认和计量。

第二节 "互联网 +" 时代对传统财务会计核算的挑战

一、对会计目标的挑战

在"互联网 +"时代，包括厂房、机器设备在内的实体资产的作用在减弱，平台、流量、渠道、客户口碑等无形资产的作用变得越来越重要。在重资产时代，企业会计的主要目标是为企业所有者服务，即"以为股东、债权人提供信息为主"，而"互联网 +"时代，会计的主要目标正在向以计量企业资源、权益的变动、收益的形成过程及有效控制企业人力资源为主的方向发展。

二、对会计假设的挑战

会计四大假设包括会计主体假设、持续经营假设、会计分期假设、货币计量假设。在"互联网 +"时代，首先，会计主体是处在庞大网络系统中的虚拟企业，会根据市场的需求变化随时重新组合成员，在完成短期的任务后，该组合便会"解散"，再重组，再解散，并且成员之间是互不干涉的。因此，这种不断变化之中的会计主体确定起来比较困难。其次，持续经营假设会计主体在可预见的未来能够持续经营下去。然而，在互联网时代，如前所述，会计主体在不断变动，成员完成短期的任务后就会终止合作，经营方式灵活。如果一定要以持续经营为前提，反而有很大的局限性。再次，会计分期在传统会计中以 1 年、6 个月、1 个季度来分期，最短也是 1 个月。然而，互联网大环境下经营模式的灵活性决定了会计分期假设需要变得更加灵活，应尽可能地缩短会计报告期，一个"业务"完成，便可出一份报告。另外，借助计算机，会计信息随时可以被整合，也在客观上为会计信息的产生提供了便利与可能。最后，关于货币计量假设。在电子商务大环境下，衡量一个企业的资产，不仅包括可以用货币计量的内容，更应包括那些难以用货币计量的资产，如企业的无形资产、人力资源以及社会绩效等，这些在"互联网 +"时代对一个企业的发展非常重要。

三、对收入计量确认的挑战

在互联网销售模式下，企业出售的商品可以是实物商品，也可以是各种虚拟商品，如话费充值、游戏币、视频音乐等。后者往往通过电子邮件或下载的方式交付给客户，所用时间比前者要少一些。无论是销售哪类商品，在销售业务流程上都存在共性，即相对于传统线下销售来说，互联网销售中间多了第三方支付平台，具体流程如图 6-1 所示。

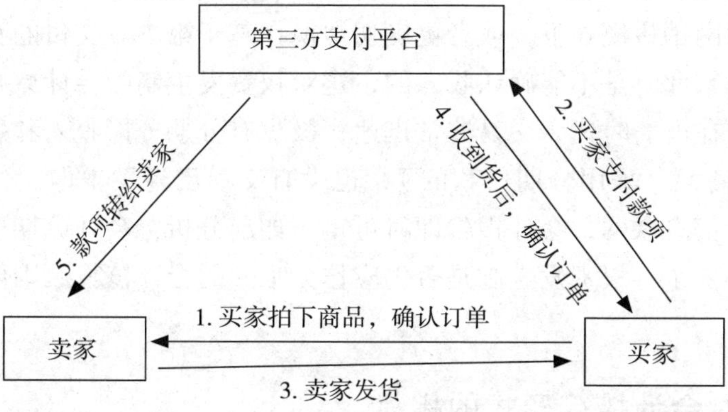

图 6-1　互联网销售模式简图

通过分析图 6-1 不难发现，在互联网销售模式下，有两方面的问题值得探讨。一是销售收入的确认时间。根据《企业会计准则第 14 号——收入》中对销售收入确认的客户规定，企业已将商品所有权上的主要风险和报酬转移给客户；企业既没有保留通常与所有权相联系的继续管理权，也没有对已售出的商品实施有效控制；收入的金额能够可靠地计量；相关的经济利益很可能流入企业；相关的已发生或将发生的成本能够可靠地计量。笔者认为，在买家收到货物并确认收货时确认收入比较合适。对于目前国家规定网上销售商品“7 天无理由退换货”的要求，笔者认为比较谨慎的做法是 7 天期满后再确认收入比较合适。若客户退货，则不确认收入。二是销售收入的计量。比如，网上销售产生的运费问题如何处理。目前，网络销售平台主要分为两种类型：一是以京东为代表自建物流平台的电商，运费做“其他业务”处理；二是以淘宝为代表通过第三方物流运输的电商，运费处理则稍微复杂，要比较买家支付的运费和卖家实际支付给第三方物流运输公司的运费孰多孰少。网上销售收入计量的另一大问题是关于评价返还积分的处理。一些商家为了提高信誉，鼓励买家对店铺进行评分，写购买心得，以返还现金或积分的方式奖励买家。

四、对权责发生制的挑战

通过对上述互联网销售模式的分析，笔者发现买家发出订单，卖家接到订单并发货后，此时在传统的会计核算方式下，卖家应该确认收入了。但是，在互联网销售模式下，或者更确切地说在基于第三方支付的互联网销售模式下，卖家此时是不能确认收入的，这对权责发生制的会计原则提出了挑战。另外，在电商时代，交易非常迅速，极少有分期分摊收入和费用的问题（除了大件商品，采用分期付款的），也少有交易已经发生但支付未发生的情况，会计信息联网，会计报告即时可得。如前分析，会计分期这一假设已经没那么必要了，权责发生制是否仍应作为唯一的会计核算原则值得思考和讨论。

五、对会计核算形式的挑战

传统的会计核算流程是从原始凭证到记账凭证，再到账簿，最后出报表。此时主要采用的是手工核算，为便于信息核对，特意设置流程一环套一环，以方便检查记账是否准确。这样做的弊端是环节多、处理流程重复、费时费力，随着企业 ERP 的普及，通过专业会计软件可以大大简化这一流程。通常情况下的处理流程如下：取得原始数据，输入数据库，进入 Web 数据库，直接导出会计报表。会计专业软硬件技术的发展使报表的生成在向非定时化、网络化、自动化的方向发展。

第三节 “互联网 +”时代对传统财务会计实务的挑战

一、大型企业会计实务的挑战

随着经济全球化和信息技术的不断发展，企业发展的规模越来越大，发展的速度也越来越快，管理层层级越来越多，因此许多企业患上了“大企业病”，经营成本增加、管控难度加大、经营风险大幅度上升、股东的知情权受到威胁等问题日益凸显，严重阻碍了企业的进一步发展。一方面，随着企业规模的扩大，财务工作量也随之增加，需要更多的人力、物质和财政资源，导致成本大幅度增加；另一方面，由于企业上层管理机构和部门数量众多，权属关系复杂，财务部门与其他部门之间的沟通存在一定的问题，这在一定程度上会导致财务工作效率低下、管理会计职能弱化，造成对财务信息分析的不全面，企业竞争力下降。上述情况均表明，在“互联网 +”时代，大型企业中各种问题不断涌现。

二、中小企业会计实务的挑战

“互联网 +”给企业带来了更多的机遇，使中小企业有更大的发展空间。中小企业的初创团队大多为年轻人，他们积极乐观、敢于冒险、勇于创新，能够紧跟时代发展的步伐，只要核心专业技术过硬，一定能完成由量到质的转变。但与此同时，“互联网 +”给中小企业的发展带来了挑战，也带来了更激烈的市场竞争。“互联网 +”时代可能是中小企业优势的“加速器”，也可能成为其缺点的“放大镜”，放大企业本身存在的问题，使财务工作中的一些问题也逐渐暴露。第一，在“互联网 +”时代下，企业获取数据变得更加方便和快捷，但所需获取的数据量大幅度上升，增加了财务部门会计核算的难度；第二，企业规模的扩大催生了许多分支机构，但财务工作很难做到跨空间、跨地区的共享；第三，企业财务信息的重要性也在不断上升，但现有的公司财务模式并不能满足管理层对财务数据随时查询的需求。上述三方面均会不同程度地影响中小企业的健康发展。

第四节　“互联网 +”时代对传统财务会计整个行业的挑战

一、对会计职能的挑战

会计有两大基本职能，一是核算，二是监督。在传统会计时代，大部分会计人员做的是以货币为计量基础的会计核算工作，而随着互联网技术的发展，传统会计行业的运行模式和思维理念发生了变化，会计信息的传递效率和收集整理的速度有了显著的提升，基础重复的核算工作正在被计算机取代。

在“互联网 +”时代，影响企业财务工作最重要的一方面是会计职能。

在“互联网 +”时代，会计工作凸显了新的特点，更具有实时性、同步性、动态性和多样性的特点，这些特点的出现为传统会计管理理念以及会计实务处理提供了新的理念导向和思维方式，并且有助于会计管理职能的转变。

在"互联网 +"的作用下，企业更加重视对数据的吸收，以便面对瞬息万变的经济环境。随着信息量的迅速增加，数据的需求速度日益增大，核对、整理数据的工作量非常大，这对会计人员有着巨大的压力。面对体量庞大的会计数据，为了数据的准确性，接受传统会计教育的传统会计人员通常会把大量的时间和精力投入到会计数据的采集、整理以及核算上。由于数据处理的工作量通常较大，他们没有额外的精力去做管理、监督等方面的工作。在这种情况下，企业为财务信息使用者提供的信息是片面的、不充足的，不利于企业的长远发展。

在信息技术发达的"互联网 +"时代，要利用互联网工作，在不影响会计核算工作准确性和效率的前提下，采用云计算、大数据等一些新兴技术，使会计人员在面对信息的收集、整理和分类时更加从容，将精力更多地放在管理工作上。另外，会计监督的职能越来越重要。这种监督不仅是对会计核算所得出的各种会计指标进行货币监督，更重要的是对业务发生过程中以及发生前的监督。比如，计算机的使用可能会带来计算机病毒、计算机犯罪、黑客等问题，这些问题会伴随整个业务流程，大大增加会计监督的难度。

二、对会计人员的挑战

（一）基础岗位需求减少

近代会计电算化的发展使传统的"账房先生"成了历史。如今，随着"互联网 +"对会计行业的影响、物联网技术的日益更新，会计基础岗位人员的需求量逐渐减少。现阶段，虽然基础会计岗位在乡镇和某些中小型企业依旧有市场，但是这类市场已经不再繁盛。

（二）对传统会计的要求增加

传统财务人员要求做好记账相关的程序，最高的要求也只是熟练会计电算化。现在，更需要财务人员有计算机技术和管理会计等方面的知识储备，不但要维持日常会计信息系统的正常运营，而且要求财务人员监督会计工作的全过程，确保使用数据的准确性，要求会计人员有分辨信息的能力，确保信息的安全性和有用性。

（三）服务模式的改变

利用互联网平台和现代信息技术，会计部门的业务从以线下为主发展为以线上为主，打破了会计服务的限制。特别是近年来手机 App 记账软件的诞生，极大地便利了广大会计人员的工作，扩大了其工作的空间范围，实现了实时记账和实时财务咨询，为顾客提供了更高效而便捷的财务会计服务。同时，互联网的发展极大地方便了广大会计管理部门的政务公开网上交流等，有效促进了会计管理部门管理服务模式的进一步改变。

三、对商业模式的挑战

“互联网 +”时代已不是“单打独斗”的时代，而是“资源整合定成败”的时代。国外有 AGM（苹果、谷歌、微软），国内有 BAT（百度、阿里巴巴、腾讯），这些企业的共同特点是利用互联网平台整合资源，创造出远远高于自身能创造的价值。而这种整合的理念同样适用于财会行业。具体来说，影响主要如下：首先，亟须拓展现有“资产”这一会计要素的内涵。其次，“互联网 +”时代下，应赋予企业更大的会计计量属性的选择权。单一的历史成本计量方法已经远远不能满足互联网时代的要求。再次，在“互联网 +”时代亟须完善“分部”报告的披露。以腾讯为例，在其四大业务中，增值服务（主要是网络游戏）占其收入的 80% 之多，在披露其高盈利能力下，并没有披露与高收益相匹配的平台维护成本。最后，亟须明确商业模式在财务报告中的角色。在“互联网 +”时代，财务会计必须更加关注商业模式，并尽快赋予其应有的角色和地位。

第七章 “互联网+”时代财务会计的审计对策研究

第一节 “互联网+”时代电子数据处理会计的错误防范

一、电子数据处理会计的概念

电子数据处理会计简称“EDP会计”，是利用电子数据处理方式，实现会计数据的收集、存储、传输和各种加工处理自动化的会计信息系统。会计数据处理的最新发展是应用电子计算机。1954年10月，美国通用电气公司（GE）第一次在计算机上计算雇员工薪，使电子计算机的应用首次进入会计业务领域。随后，美国银行将计算机应用于银行会计系统，进一步扩大了电子数据处理在会计工作中的应用范围。随着计算机科学技术的进步，电子计算机和通信技术进一步结合，扩大了数据存储量，大大加快了信息的传播速度，同时电子数据处理方式逐步应用于企业管理的各业务领域，成为现代化企业管理的重要工具，也成为财务会计现代化的重要标志。电子数据处理在会计工作中的应用程度和应用水平不断提高，从单个文件发展为文件系统，进一步发展为数据共享的数据库系统；从单机的批量处理发展到计算机网络联机的实时处理，从单项事务处理发展为数据的综合处理，进一步发展为全面电脑化的会计信息系统。这时，由于电子数据处理的应用，会计工作不再是机器设备和数学程序的简单综合，而是采用了新的管理方法和管理技术，改变了传统的会计账务处理程序，打破了手工操作和机械操作的局限性，使会计数据处理方式发生了重大变革，提高了会计数据处理的速度、效率、及时性和准确性。

二、电子数据处理的几个阶段

随着网络信息系统技术的迅速发展，电子数据处理系统在现代企业会计实务和财务管理中得到了广泛的应用。电子数据处理是通过企业内联电脑网络将经济业务资料和有关的财务数据进行输入、处理、储存和输出，并及时地将进入系统的资料和数据转化成用于企业经营管理决策、财务报告和控制的有用信息的。但是，电子数据处理系统由多个精度要求极高的技术环节构成，只有在运行过程中各阶段的技术精度及功能得以正常发挥，电子数据处理系统才可以持续无误地对输入的企业经济业务数据进行正确、及时的处理。如果电子数据处理系统出现错误或在使用系统时人员操作不当，就会影响到企业财务信息系统的整体运作，不但会增加纠错和重新处理所花费的成本，而且会影响企业的经营效率以及与客户的经济往来。因此，在应用电子数据处理系统时，错误防范已经成为计算机控制和审计的重要内容。防范电子数据处理系统的错误，必须从系统对经济业务及相关的财务数据处理过程入手，了解系统在不同运行阶段的技术要求和关键环节。一般来说，电子数据处理系统在处理经济业务数据时需要经历数据输入、数据处理、数据文档或处理结果储存以及结果输出几个主要阶段（图 7–1），而在每个阶段电子数据处理系统及其操作都有可能出现错误。下面从企业的经济业务及相关财务数据角度分析电子数据处理系统的常见错误。

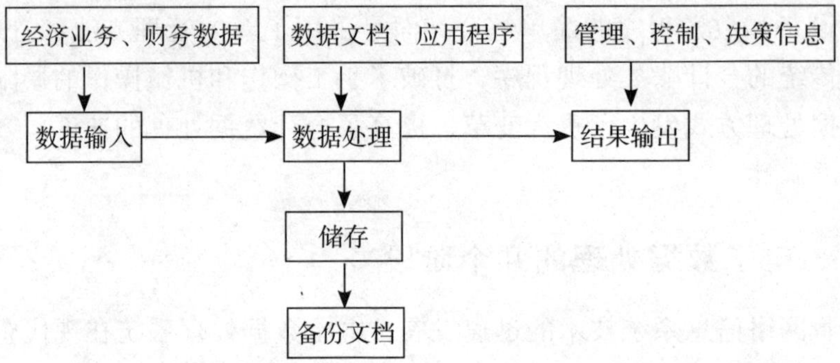

图 7-1 "互联网 +"时代企业电子数据处理过程

三、数据输入阶段的常见错误

（一）数据输入疏漏

数据输入疏漏是数据输入过程中经常发生的一种错误。有些经济事项，如已经装船而尚未记账的发运货物、已经收到但尚无收货记录的采购货物等，可能由于有关人员的工作疏漏没有及时在账上反映，与这些经济事项相关的财务数据往往在输入时被遗漏。这类错误一般是由于操作程序不当、人员训练不足或自动销售设备故障等所引起。另外，企业管理当局或个人的舞弊行为也可能导致这种错误的发生。

（二）数据输入延误

有些经济业务和事项由于发生在会计期末或接近期末而无法输入当期数据中，或者由于当期的错误事项不能够在该期间内进行调整而延误到后续期间输入。这类错误一般是由于自动系统中信息传输失误、前期错误更改和重新处理延误或系统本身运行问题所引起。另外，管理当局或个人对期末或接近期末的事项进行人为操纵以控制盈利也可能使数据输入延误。

（三）输入数据丢失

电子传输失灵或系统发生故障后数据恢复不良，使用者忘记对因错误输入而未受理的经济事项进行再次处理，原始凭证受损，以及企业管理当局或个人有意隐匿，这些情况都可能导致输入数据丢失。这类错误与数据输入疏漏虽然有许多相似之处，但是它们之间也存在差异，主要体现在两个方面：其一，如果一项经济业务初始就没有准备反映经济事项，过后则可能难以判断其疏漏的性质；其二，如果数据是在系统处理过程中丢失的，则有可能通过查找业务发生时的原始记录，恢复甚至重建所丢失的数据。

（四）数据输入重复

数据输入重复的原因有很多，如未能够及时地删除不可多次使用的原始记录，使用原始凭证的复印件输入数据，对因系统故障丢失的数据进行补救性重建，负责数据输入的工作人员轮岗、交班时的任务交接不当，这些都可能导致对同一项经济业务的多次处理。当然，对财务数据输入程序的舞弊操作也是数据重复输入的原因之一。

（五）未授权数据输入

并不是所有的财务数据都要输入电子数据处理系统，只有经过企业审批、授权人核实的经济业务才可以输入。但是，通常存在有些负责销售订单的人员有意掺入未经授权人批准的销售折让或费用开支等情况。

（六）数据输入不准确

在所有处理过程中最应注意防范的错误是不精确地输入数据，即将业务发生的日期、金额、客户名称、交易数量和代码等数据错误地键入电子数据处理系统。引起这种错误的原因有很多，如原始凭证制作不规范，用户界面设计不当，数据传送、键入和处理上的延误，系统失灵，操作人员不适应工作方式和环境的改变，以及数据输入人员自身素质欠佳，等等。

四、数据处理及储存阶段常见的错误

（一）文档错误

数据处理阶段常见的一种错误是使用错误文档或某文档的错误版本。一般来说，不正确的标记、操作人员的失误或数据处理上的延误都能导致主文档或交易文档错误。这类错误会因部分已输入的数据丢失而使数据来源、时间等信息发生混乱。

（二）数据处理不及时

如果在相应的会计期间内不能够及时地处理当期的会计信息，那么不仅会造成当期的财务数据不完整，还会给后续期间带来补偿性纠错负担，影响后续期间会计信息的准确性。通常，由于运作效率低、系统失灵、纠错延误等产生的错误会影响财务报告的及时性和有用性，进而影响到企业的有关决策。

（三）数据处理重复

既然在输入时会出现重复的数据输入，对这些数据的重复处理就很难避免。例如，同一个子公司的数据或同一个期间的数据可能因输入多次而被重复处理。这种错误产生的主要原因是文档管理不善或操作程序条理不清。另外，操作人员技能训练不够、工作环境恶劣和工作压力大等不利因素也都可能引起这类错误的发生。

（四）数据处理不完整

这类错误一般涉及系统的安装问题，是程序的逻辑错误或操作人员失误引起的。例如，企业在年末准备年报的主要账户时只运行 51 周的数据，或者有意在集团报表中只合并部分子公司的数据等。同样，人为操纵的期末事项分期也可以使某些期末发生的事项不能进入当期的数据处理阶段。

（五）运行程序的逻辑错误

这种错误反映了电子数据处理系统运行程序中的逻辑问题。一方面，应用程序及其逻辑存在固有缺陷，不能满足甚至扭曲用户的要求，或者将用户要求错置在不适当的程序设计中，使系统无法达到预期的运行目的；另一方面，程序设计者未经授权，擅自以自认为合适的会计处理方法或原则取代原定内容。比如，用平均成本法代替先进先出法，使系统程序更为简便地计算存货成本。

（六）数据文档储存错误

现场在线网络系统的推广虽然节省了许多编辑批阅的时间和人力，但是也增加了数据和文档储存出现错误的机会。同时，操作人员的失误（如登录错误文档、输入错误对话选项等，以及应用程序、数据管理系统和其他系统软件错误等）都可能使数据在储存时出错。不同数据文档中对同一数据的重复处理可能引起数据的不连续，许多系统都存在这种重复错误。例如，销售数据可能在销货子系统、成本子系统、总分类账子系统等多个子系统的文档中储存，各种文档中的数据可能更新速度不同，这样，就会导致最后难以区分数据存储的先后顺序，以及数据的对错了。备份和恢复文档也是容易引起数据或文档储存错误的原因之一。对文档不正确版本的备份，多次恢复文档使数据重复，对备份文档的错误版本恢复等，这些不正确的操作均会使备份或恢复文档的效果适得其反。

五、结果输出阶段常见的错误

（一）输出丢失

经过系统处理后的数据和文档资料在输出时丢失，致使系统无法实施正常的平衡试算、纠错和监控过程，这种错误一般是由于系统设计不合理、操作方法不当等问题引起的。

（二）输出不完整

如果数据在输入或者处理时不完整，经过系统处理后输出的结果也将不完整。不过，即使数据在输入和处理时完整，也不能保证输出结果的完整性。值得注意的是，用来打印输出报告的程序与数据文档更新程序之间并不一定有必然的联系。此外，财务数据在输入和处理时不精确或重复也会使系统处理的结果达不到预期要求的精确程度。

（三）输出延误

输出不能及时地传送到指定的授权接受者会阻碍企业决策、工作业绩评估、纠正错误、稽查舞弊行为等企业经营管理和财务工作的正常开展。

（四）输出到未授权使用者

这里所涉及的是很多企业极其敏感的问题。假如一个公司经理人员的薪酬数据被输出给企业内未授权使用这些数据的用户并传播出去，将对企业内部组织造成重大的消极影响。同样，假如企业的生产成本信息或技术诀窍被错误地输送给企业的竞争对手，那么该企业的竞争力将有可能严重受挫。由此可见，系统的保密及安全措施、输出管理与控制对企业电子数据处理系统的正常运行极为重要。

（五）输出的人为操纵

应用电子数据处理系统时还应防范对系统的人为操纵，这种人为操纵既可以单独地针对输出的结果，又可能通过系统程序或输入数据的控制来实现。输出信息通常先保存在电脑硬件、磁盘、光盘等中间工具中，然后制作成书面报告形式。如果企业的电子数据处理系统保密和安全措施不严密，那么输出的结果在成为正式书面文件之前容易被人截留和篡改。

六、如何防范电子数据处理系统应用中的常见错误

通过上述分析可以看出，电子数据处理系统在数据输入、处理、储存以及结果输出各个阶段都可能出现错误，这些错误可能是单独发生的，也可能是连锁反应，无论其出现的形式如何，都将影响电子数据处理系统处理财务数据的及时性和准确性，阻碍电子数据处理系统的正常运行。因此，企业在应用电子数据处理系统时，必须针对本企业电子数据处理系统结构和运行特点，从系统的硬件设置、操作程序、人员选聘及内部管理等各方面采取有效的防范措施和内部控制制度。

防范电子数据处理系统应用中的常见错误，要从企业开始建立电子数据处理系统时就把好技术关。由于电子数据处理系统要求较高的技术精度，系统配置的硬件应符合技术标准和企业的具体情况，因此在系统的设计、配置和安装时，针对企业管理和财务控制的具体要求，从系统的硬件方面预先准备对电子数据处理系统运行各阶段常见错误的防范对策。同时，在配置、安装电子数据处理系统时，要注意企业处理经济业务和财务数据的会计方法和

原则等政策性要求在系统应用程序与逻辑运行中是否得到正确的落实。此外，企业应加强对电子数据处理系统正式启用前的充分调试和运行后的定期检测与维护，确保电子数据处理系统处于正常工作的硬件环境。

除了技术因素对电子数据处理系统硬件条件的严格要求之外，电子数据处理系统的应用对企业人员的选聘和培训也提出了新的要求。一方面，电子数据处理系统对操作人员的技术、技能方面要求很高，操作人员不仅要熟练掌握键盘操作、文件编辑等基本的电脑操作技能，还要具备良好的财务、管理素质，如对会计凭证、财务资料、会计政策等准确辨别和判断的能力；另一方面，对电子数据处理系统操作人员的选用应注重思想素质方面的考核，负责电子数据处理系统操作的人员应具备审慎的职业精神和认真、公正的工作态度。当然，企业也有义务为电子数据处理系统操作人员提供良好的工作环境，并对他们进行适当的技术培训，使之安心工作，不断提高能力，这也有利于发挥企业电子数据处理系统在现代企业经营和财务管理中的积极作用。

另外，建立良好的企业内部控制制度也是电子数据处理系统正常运行的重要保障，只有将电子数据处理系统的管理控制纳入企业的内部控制制度建设中，才能够充分、有效地发挥电子数据处理系统的作用。与电子数据处理系统应用有关的内部控制制度应包括以下几方面内容：建立严密的保密和安全制度，如开机口令、进入系统处理程序路径、数据文档管理等实行专人负责；限制过于宽泛的电子数据处理系统使用授权；防止管理当局或个人的越权干预和操纵，防范有关人员利用职权进行舞弊操作；管理当局、财务部门以及内部审计人员在电子数据处理系统应用中必须建立良好的协调和制约机制，只有这样，电子数据处理系统才能够为企业的经营管理决策、会计报告和控制提供有用信息和技术支持。

第二节 基于 XBRL 的现代审计研究

一、XBRL 理论基础

（一）XBRL 的含义

XML（Extensible Markup Language）即可扩展标记语言，与 HTML 一样，

都是 SGML（Standard Generalized Markup Language，标准通用标记语言）。XML 是 Internet 环境中跨平台的、依赖内容的技术，是当前处理结构化文档信息的有力工具。XML 是一种简单的数据存储语言，使用一系列简单的标记描述数据。虽然 XML 占用的空间比二进制数据要多，但 XML 极其简单，易掌握和使用。

XBRL 以 XML 为基础，专门应用于非结构化信息处理，是处理企业财务数据尤其是财务报表信息的最新技术。它是财务数据和财务信息发布的电子化标准语言，是互联网上企业财务报告编制、发布、交换和数据分析的一种标准化方法。因此，XBRL 得到了国际公认。随着 XBRL 的大力推广，企业应用 XBRL 不仅可以降低信息交换成本，提高信息的可获得性，还可以减少会计人员再次录入资料产生错误风险等。同时，XBRL 可以跨平台使用，不受计算机系统的影响。因此，XBRL 国际组织认为，正如同英语是全球商业沟通的通用语言一样，XBRL 也必将成为所有网络商业报告的共同语言。

（二）XBRL 技术原理

XBRL 拥有四个重要的文档，分别是规格书、分类标准、实例文档和样式单，四个文档构成了 XBRL 复杂的技术框架。

1. 规格书

规格书定义了分类标准所必须遵循的原则，主要规范了各科专业术语，详细规范了分类标准和实例文档的语法和语义，即详细描述了如何根据一定的规格创建财务报表。规格书一般由 XBRL 国际组织制定。随着 XBRL 技术的不断完善以及国际经济的不断发展，规格书会继续完善，以适应不同企业和业务的需求。

2. 分类标准

分类标准是在技术规范书的基础上的具体应用。XBRL 为企业报告中的每个项目建立不同的标签，所有的标签统称为分类标准。它分别定义了各项目的属性及关系，并结合不同国家、行业、企业的不同情况进行制定，是适用于各企业信息变换的"词汇表"和"词典"。

3. 实例文档

实例文档中包含报表中的具体事实，每一个具体的事实是由分类标准定义的，我们可以把它看成遵守特定分类标准的事实值的数据库。XBRL 可以根据财务报告中的标签与数据一一对应，利用应用程序自动从会计业务数据库中提出数据生成实例文档。

图 7–2 说明了实例文档包含的内容。命名空间声明和模式定位反映实例文档引用的语法元素或财务信息元素所在的模式文档，各种引用反映实例文档中的概念和关系，元素赋值过程说明了各种财务信息，脚注链接则用于说明财务信息事实（非财务信息元素）与外部信息之间的关系。

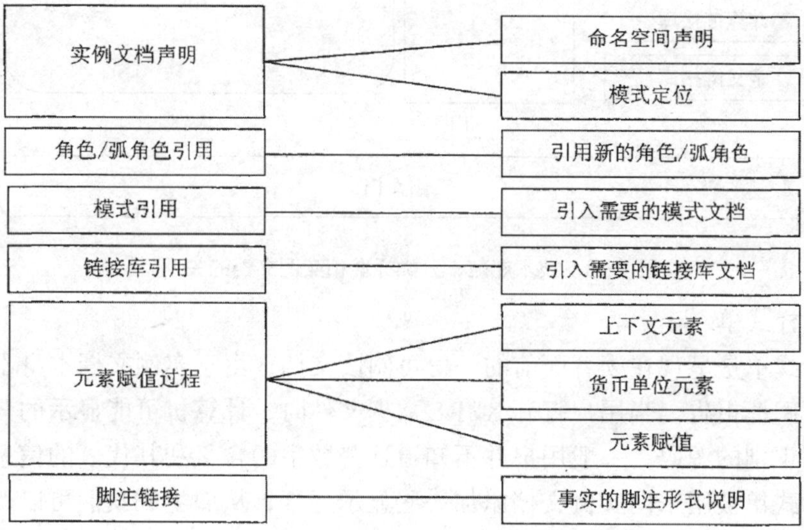

图 7–2 实例文档包含的内容

图 7–3 表现了技术规范、分类标准和实例文档的关系，以技术规范为基础，分类标准是实例文档的重要指导，最终生成实例文档。

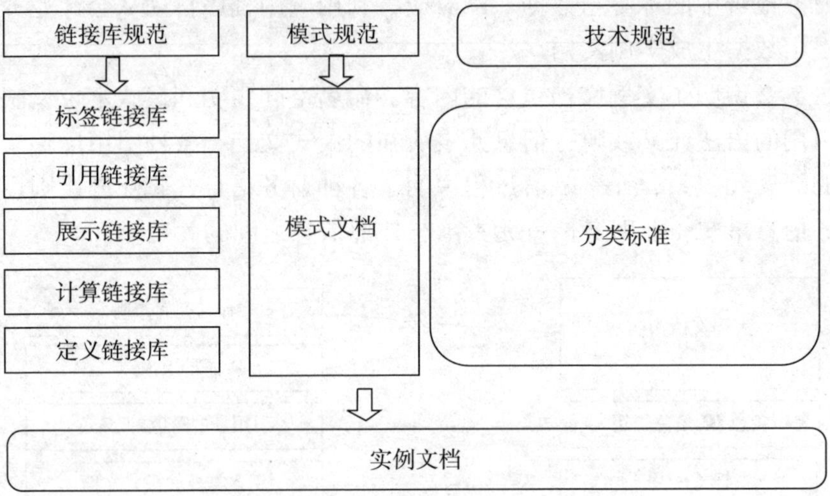

图 7-3　技术规范、分类标准和实例文档的关系

4. 样式单

样式单是呈现在读者面前的一份可阅读文档，由于实例文档本身不产生任何可阅读报告，当用户打开 XBRL 数据文件时，计算机可能显示的只是一些程序识别的源码，一般用户并不知道这些数字的含义和其代表的信息。因此，样式单被用来向实例文档添加一些显示元素，从而生成我们可以阅读的文档。

（三）XBRL 技术框架

XBRL 技术框架主要由三个部分组成：规格标准、分类标准和实例文档。其层次构成如图 7-4 所示。

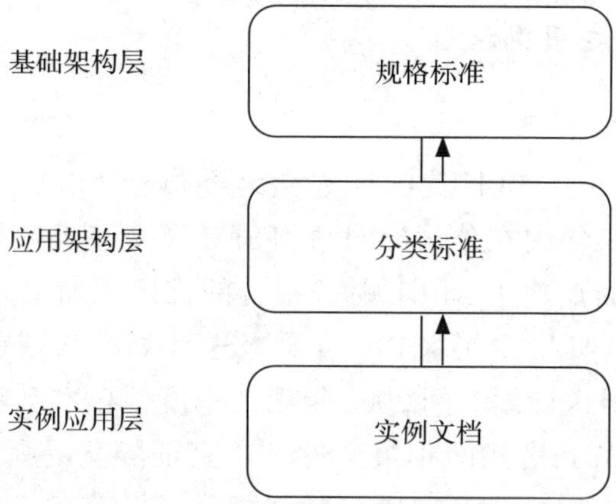

图 7-4　XBRL 层次构成

（四）XBRL 的特点

1. 更便捷

XBRL 财务报告制作者可以使用专业化的 XBRL 工具进行报告制作，信息使用者也可以使用专业化的工具对其中的信息进行提取和数据分析。在这个过程中，人的工作量大大减少，提供信息和加工信息的速度加快。

2. 更准确

XBRL 的应用省却了繁复又容易出错的人工加工过程，并在报出前由专业化的 XBRL 工具检查，使信息出错率进一步降低。而且，XBRL 含有内嵌的验证机制，可随时验证信息的准确性，以确保信息质量。

3. 更标准

使用 XBRL 对财务信息进行标记，每个具体的财务信息都带有标准化的属性和内容，信息可在不同平台间进行交流，可比性增加。

此外，基于 XML 的 XBRL 还具有可扩展、用户友好等特点。可扩展的特点使 XBRL 可以根据企业自身情况需要进行标记，并通过建立适当的标记集合来方便某一类型信息的使用。XBRL 实例文档虽然是供计算机读取的语言，但信息使用者经过一定培训后，也可以阅读并理解 XBRL 实例文档。

（五）XBRL 应用现状

1. 国外应用情况

随着 2008 年 5 月 30 日美国证券交易委员会（SEC）发布消息，要求上市公司在未来三年内在公司的网站和 SEC 提交基于 XBRL 格式的财务报告，世界各国全面加速了 XBRL 财务报告的推广。加拿大证券交易委员会在 2007 年 1 月 19 日推出了 XBRL 自愿报送计划。韩国在 2007 年 10 月推出了 XBRL 自愿报送计划。到 2008 年第二季度，日本已经强制要求所有的上市公司报送 XBRL 格式的年报文件，东京证券交易所从 2006 年就引入了 XBRL 报送系统。英国从 2010 开始强制公司报送基于 XBRL 格式的纳税文件。

2. 国内应用情况

中国证监会从 2002 年 5 月开始《上市公司信息披露电子化规范》这一标准的制定工作，于 2004 年 1 月依据国际最新的 XBRL2.1 规范和财务报告分类标准架构（FRTA）的相关规定，确定了 XBRL 的技术规范。2005 年 6 月，中国证监会正式颁布《上市公司信息披露电子化规范》和《证券交易数据交换协议》等 8 项标准。2010 年 3 月，XBRL 中国地区组织向 XBRL 国际组织申请成为 XBRL 国际组织的正式国家地区成员。自 2011 年起，财政部组织开展了通用分类标准实施工作。参与实施的企业采用 XBRL 编制并向财政部报送年度财务报告。至 2013 年底，实施范围涵盖 18 家银行（包括所有上市银行）、13 家中央国有大型企业、5 家保险公司以及 34 个省、自治区、直辖市、计划单列市的 169 家地方大型企业。但截至目前，我国只有上海证券交易所和深圳证券交易所为 XBRL 国际组织的直接会员，是我国全面推动 XBRL 发展的主要力量。以上海证券交易所为例，2003 年 10 月，其成立 XBRL 联合工作小组，开始 XBRL 的理论研究和应用探索，选定宝钢、上汽等 50 家上海本地上市公司进行 XBRL 年报摘要应用试点，成功地将 XBRL 应用于上市公司 2003 年年报摘要、2004 年第一季度报告、2004 年中报摘要、2004 年年报摘要和年报全文披露。2005 年，上海证券交易所开通了 XBRL 查询及 XBRL 实例文档下载的网站。2006 年，上海证券交易所自主开发的中国基金信息分类获得 XBRL 国际组织认证。2008 年，上海证券交易所要求上海市上市公司在披露 2008 年年报、提交一份常规 PDF 格式年报时，必须同时提交一份 XBRL 格式的年报全文。目前，上海证券交易所 XBRL 财务报告的应用情况如下：上海证券交易所自主研发的 3 个 XBRL 分类标准已获得 XBRL 国际组织的认可，处于国际领先地位。证券投资者及财务信息使用者可以在上海证券交易所网站中直接了解 XBRL 格式的上市公司的基本情况、会计数据和业务数据、公司治理结构、监事会报告、财务报告明细数据等，还可以直接从上海证券交易所网站下载查看上市公司 PDF 版本的公告，分析历史数据和做同行业不同公司的数据比较。目前，上海证券交易所主要有上市公司、基金及金融类 XBRL 分类标准三个不同类别，如图 7-5 所示。

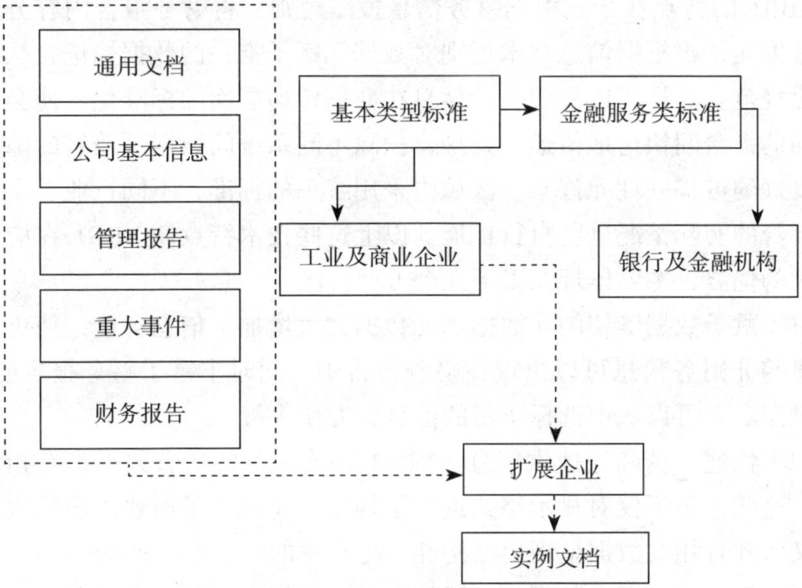

图 7-5　上海证券交易所 XBRL 分类标准框架

二、XBRL 的发展及其对审计的影响

XBRL 是基于 XML 在企业商业报告领域的扩展应用。作为一种开放式的数据组织模式，它能实现不同应用软件以及不同操作系统之间数据高效、及时、经济和准确的传递和处理。它以 XML 为基础，是一个开放性的文件技术架构，其中包括多个组件和文档，如规格书、分类标准、实例文档以及样式单等。XBRL 的核心在于以 XML 的基本结构来表达企业的业务和财务信息，实现企业信息内容与格式的分离和标准化处理，从而在现有会计准则的框架内为实现企业信息的处理、发布、网络交换和数据分析提供一种更有效率、

更可靠的标准化方法。在 XBRL 国际组织制定的 XBRL 体系中，主要包括 XBRL 财务报告（XBRL for Financial Reporting，XBRL FR）和 XBRL 分类账（XBRL for General Ledger，XBRL GL）两部分。其中，XBRL FR 主要用于企业的外部报表披露，主要关注财务报告层面的信息；XBRL GL 则主要关注交易事项层面的信息，使用户可以从企业报表各项目的数据逐步深入挖掘到相关的明细信息。XBRL GL 可用于创建和表达标准化的日记账格式、分类账格式以及各种明细会计信息，并可扩展以满足任何对明细分类账信息的需求。

XBRL 的特点在于它根据财务信息披露规则，将财务报告内容分解成不同的数据元，再根据信息技术规则对数据元赋予唯一的数据标记，从而形成标准化规范。这样可以实现会计信息在数据传递层面的标准化，使会计信息在不同的平台间快速地传递、处理，扫除不同系统间数据不兼容的障碍。同时，良好的可扩展性允许某一区域内采用统一的标准，不同行业、企业可以根据自身的实际情况进行自行扩展。以上这些技术特点使 XBRL 在应用中具有很大的优势，主要体现在以下几个方面。

（1）赋予数据确切的元数据。元数据大大增加了信息含量，使更多的财务信息与非财务信息可以出现在财务报告中，同时丰富了财务报告的内容，使信息需求者可以从中选择所需的信息，方便决策。

（2）快速、精确地搜索信息。XBRL 格式文件的所有数据都有相对应的标记，这些标记不仅对显示格式进行了描述，还赋予了所要表现的数据以特定含义，并且相关数据呈现出结构性，把有关的信息互相连接。

（3）无须重复键入数据。一般情况下，数据录入的次数越多，发生输入错误的概率就越大，而采用 XBRL 格式的财务数据后，因其显示格式放在单独的“样式单”中，财务数据只需键入一次，就可呈现为各种格式的财务报告。因此，XBRL 文档不仅降低了公司编制与发布财务报告的成本，还降低了重新键入错误的风险，提高了投资者或分析师获得信息的准确程度。

（4）可扩展标记。XBRL 是 XML 关于企业报告的分支，继承了 XML 可扩展标记的特性。因此，XBRL 在遵循 XML 标准技术框架的同时，保留了充分的弹性，以便不同国家、不同行业甚至不同企业根据自身实际情况扩展标记，从而在一定程度上解决了会计特色问题。

尽管 XBRL 具有以上这些优势，但是也存在一些缺陷，主要表现在 XBRL 不能保证分类标准被恰当地使用。分类标准是一个描述关键数据元素的文档，这些元素包含在一个特定类型财务报告体系的实例文档中。财务报表中数据的描述是由所使用的分类标准决定的。分类标准一般由某一国家或地区的权威机构根据该地区的公认会计准则，遵照国际通行的 XBRL 规范说明制定，各个企业自行采用并根据自身情况进行扩展。因此，XBRL 本身并不能保证企业创建 XBRL 报告时使用的分类标准是恰当的，需要了解特定财务会计报告要求和分类标准的审计人员对企业所使用的分类标准进行检查，核查公司使用的分类标准是否符合经核准的或认可的分类，核查企业拓展的分类是否符合 XBRL 规范的要求。

XBRL 对审计的影响主要体现在以下三个方面。

（1）审计范围的扩大。随着 XBRL 在网络报告上的普遍运用，会计数据与管理数据紧密结合，使审计不再局限于财务信息与会计系统而是延伸到整个企业信息系统。因此，在 XBRL 系统条件下，审计的内容应包括 XBRL 的应用与扩展、会计数据库文件和数据输入输出的审计，同时必须对 XBRL 信息系统的内部控制制度、XBRL 系统的应用程序、存储在磁性介质上的数据文件、系统开发以及对信息系统硬件本身的可靠程度（整个企业信息系统的安全可靠性）进行审计。审计人员要花费较多的时间和精力来了解和审查 XBRL 信息系统的功能，以证实其处理的合法性、正确性和完整性。除了对投入使用后的信息系统进行审计外，还应在系统的设计、开发阶段对系统进行事前和事中审计。

（2）审计风险增加。XBRL 自身并不能保证财务信息的可靠性和完整性。相反，在采用 XBRL 以后，由于财务报告范围的扩大、内容的增加和复杂化、报告时点的变化，审计风险会大大增加。另外，XBRL 本身也会造成审计风险，主要表现在分类标准能否被正确使用，标签与数据的映射是否完整、准确，以及相应的安全风险。

（3）连续审计的实现。采用了 XBRL 标准后，企业的财务报告将包含更多更广泛的财务和非财务信息，发布报告的频率也会更加频繁，实时的财务报告成为可能。如何保证实时财务报告的信息质量将是审计工作面临的一个巨大挑战。连续审计无疑是解决这一问题的最优选择。另外，XBRL 标准的推广应用实现了会计信息在数据传递层面的标准化，扫除了第三方审计机构与被审对象、委托人之间数据传输的障碍，解决了连续审计在外部审计中应用的技术难题，使连续审计的实施在技术上成为可能。

三、XBRL 与电子商务鉴证的特殊挑战

经过近几年来的开拓与发展，XBRL 开始实现它的光明前景，提供给公众企业、金融机构和管理机构有效且具有高灵活性的方法报告商业数据。XBRL 提供了内部和外部的强有力的审计工具来检查客户是否合乎公认会计准则。

使用 XBRL 编制财务报表的风险集中于会计科目是否能准确映射到对应标记以及分类标准的恰当使用。标记的准确映射将确保恰当的数据检索。被检索数据本身的出错风险与其他情况下的没有区别。当财务信息以实时的方式流动时，财务报表中的错误风险将增加，增加的程度取决于对数据变化的控制和对数据到标记映射过程的控制。这说明当由 XBRL 生成的财务报表包含实时数据的时候，需要采取额外的控制保证数据的准确性和完整一致。

使用 XBRL 开发的财务报表有关的鉴证目标与其他财务报表无二。由于用以收集数据的细节性程序不同，也许有必要添加程序以处理上述差异，或是测试新增用以保证 XBRL 标记完整性的控制措施。

（一）时点化财务报表的审计

当使用 XBRL 编制某一时点的财务报表时，审计师的注意力应放在实施 XBRL 所要求的额外程序和政策上，并检查这方面现有的控制，包括对恰当分类标准的控制的检查、对数据标记的检查和对标记数据完整性的检查。对于这些控制的记录和回顾，以及对其有效性的考虑也是必不可少的。此外，审计师将通过对检查和授权程序的核查对这些控制进行测试。审计师最终将形成结论，以确定在所处环境下分类标准使用是否恰当。

（二）实时在线的财务报告

如果财务报表是通过使用 XBRL 以实时的方式编制，那么应增加额外的控制来保证标记数据发生变动后的数据完整性和准确性。此类控制应加以确认和评估。如果企业已经使用在线监视和例外报告软件，那么可以同时使用该软件进行验证。最有效且恰当的例外报告应能够识别例外事件（如对所选择数据元素未经授权的修改）以引起审计师的注意。同样，一个持续性的审计程序应该在这样一些例外报告基础上进行完善。当然，出于审计目的，也可以安装其他审计软件监控特定情况，随机生成定期报告。

（三）确保分类标准的恰当使用

当前可用的分类标准屈指可数，许多的分类标准仍处于开发阶段。当新的分类标准问世的时候，分类标准的选择问题也将变得异常重要。分类标准的使用必须与生成的财务报表的预期用途一致。因此，用于一般用途的遵循加拿大通用会计准则的财务报表所使用的分类标准也将是专门用于生成此类报表的分类标准。同样，如果报表的目的是编制用于上报某个公司监管机构的财务报表，那么就应当采用生成此类报表的分类标准。

（四）对标记方法的完整性测试

一方面，审计师需要关注原始记录中所有的相关数据是否都被标记过。这要求对软件系统中的标记系统加以检查，以确保数据，如新数据元素或是新的科目都已被标记。完整性在任何时候都十分关键，但是如果数据本身有误，确定标记的完整性就显得尤为重要，因为这时候更加难以发现此类数据的遗漏。

另一方面，审计师需要关注数据是否被正确标记了，即确定数据是不是按照特定目的的分类标准进行标记的。例如，如果某分类标准（加拿大通用会计准则）包含一个非常项目的标记，那么所包含的数据必须符合此类项目在该分类标准和加拿大通用会计准则下的定义。这也适用于其他被标记的项目，如修理、保养和销售项目。

四、XBRL：电子商务审计新视角

XBRL 在全球范围内越来越广泛的运用意味着内部和外部审计师需要更快地发掘它的益处和风险。此外，XBRL 能够使内部报告系统更加有效。以前，为了能够重复使用财务报告，审计师手工将数据输入各种软件。尽管这种方法比使用纸有效，但是并不能提高审计效率。XBRL 改进了审计的质量和效率，因为它能够让审计师更简单地在 XBRL 中抽取所需要的数据。

绝大多数的会计、财务管理和税务软件现在已经支持 XBRL 了。XBRL 方便了无纸化财务报告和支持了单项数据的多用性。此外，XBRL 提供更相关、更可靠的组织间的信息交换和提取。原因是这个过程不再基于任何私人拥有的技术以及比较少的需要人力的参与。

自动分析是 XBRL 的另一个优点。因为每条信息都被 XBRL 做了标签，审计师能够更快地用搜索的方法轻轻点击鼠标找到它们，并将它们提取出来。

除此之外，XBRL 方便了运用基于网络的审计程序来检查标准化的财务报告。用 XBRL 编制的财务报告也具有风险，因为要确保正确的数据被提取出来，以及数据的标签是正确的。XBRL 的实时报告功能需要采取额外的控制手段来确保数据的真实性。

除了这些风险外，XBRL 可能能够将财务报告的各个方面标准化。XBRL 已经被证实是可靠的、有效的语言，能带给投资者、规定制定者和其他股票持有者很多益处。随着越来越多的公司加入 XBRL 的大家庭，内部审计师应该更快地学会它的多种操作方式，使它成为审计工具的一种。

XBRL 在编制财务报表中的应用使审计师不得不将一些额外的因素列入考虑范围。审计师必须考虑在 XBRL 标记过程中使用的控制和程序，以及所使用的分类标准。不管财务报表是以实时的方式还是以其他方式编制，都很可能催生对持续性审计程序的应用需求。

第三节　实时在线审计的经济学分析

一、开展实时在线审计的作用

实时在线审计将成为未来审计的主要手段，它是基于现代信息处理手段和传递方式而发展起来的一种全新的审计方式。其所具有的全面性、时效性、低成本、高效率、低风险等优势已得到人们的认可。审计师应充分掌握实时在线审计的特点，并努力探索实时在线审计的有效方法。

通过互联网开展实时在线审计具有以下作用。

（一）开展实时在线审计，可以提高审计效率，降低审计成本和审计风险

实时在线审计的对象是以数据为基础的财务及其他经济资料，通过计算机网络，正确抓取有关数据，运用计算机对数据进行高速、正确的运算处理，既提高了审计工作的针对性，又使审计师从冗长乏味的计算工作中解脱

出来，提高了工作效率，降低了审计成本和审计风险。另外，许多手工审计方式要求审计师做大量冗长乏味的查询工作，运用计算机辅助审计技术使这些步骤自动化，审计师可以集中精力注意那些需要专业判断的部分。传统审计要想发现问题，有时要翻阅大量的会计凭证，占用大量的人力和时间；采取计算机实时在线审计方法，可以在较短时间内筛选出所需要的数据，然后利用数据挖掘技术对数据进行分析，以发现可能存在的问题，大大节约了人力和审计时间，增加了发现问题的可能性，降低了审计风险，提高了审计质量。

（二）开展实时在线审计，可以帮助审计人员快速地获得审计所需的基础资料

审计工作需要查阅大量的业务基础资料，以便从中发现违规违纪的线索和疑点，利用实时在线审计方式和数据挖掘技术可以帮助审计人员快速有效地取得资料，将审计范围缩小，提高审计效率。

（三）开展实时在线审计，可以对原始信息生存、处理过程的相关分析人员起到威慑作用

在传统审计中，必须深入现场，实地查看账表和业务处理过程，才能发现问题。利用实时在线审计，即使不到现场，也能利用计算机网络提取数据，通过分析、监测，发现存在的问题和线索；即使是现场审计很难或无法发现的问题，利用实时在线审计也可以快速、准确地予以捕捉。因此，采用实时在线审计可以在一定程度上打消个别人员存在的违规违纪操作或违法犯罪的侥幸心理，有效地堵住漏洞，从源头上防范隐患。

（四）开展实时在线审计，可以最大限度地保证审计的独立性

在开展实时在线审计时，由于审计师与被审计单位不直接接触，主要利用审计软件进行远程取证、数据挖掘分析、结果判断，审计师可以直接做出审计结论和出具审计报告，不存在与被审计单位直接接触，减少了因人为原因而影响审计独立性的问题，从而保证了审计的权威性。

(五)现代信息技术的发展对审计方法产生了巨大冲击

为适应新环境对审计工作的影响，必须导入实时在线审计方法，通过网上审计将事后审计变为事前、事中、事后紧密结合的审计方式，增强了审计的及时性、真实性。虽然更完善、更有效的在线审计技术还在不断探索中，但有理由相信在线实时审计技术将是未来审计方法发展的必然趋势。

二、经济鉴证的实质与要素分析

瓦莎赫尔依预言未来的审计概念将包括一系列的经济鉴证，未来的经济鉴证要比传统和现行的审计范围更为广泛。实时鉴证正是审计在现代经济环境下的延伸，是在现代企业的实时在线管理信息形式基础上衍生的一种经济鉴证业务。因此，要想理解实时鉴证，就需要明晰新的经济鉴证是怎样做到实时的、与各种传统的经济鉴证或审计形式有何差异。AICPA 把审计扩展到经济鉴证的概念时强调，经济鉴证活动涉及各种信息，可以是财务信息，也可以是非财务信息；可以是独立的现象，也可以是内部控制、决策模型等过程；对于决策者而言，经济鉴证活动可以针对内部信息，也可以针对外部信息。总之，经济鉴证活动的目的在于提高企业信息处理的准确性和可靠性，并非单纯地签发一份报告。

经济鉴证活动一般由三个关键要素构成，具体如下：一是被审计企业能够获取关于鉴证对象（如交易、过程、环境等）的有用信息；二是作为第三方的审计师可以监控、分析被审计企业的交易、过程记录等，以确保这些信息的可靠性；三是审计师以书面或口头形式对鉴证结果进行专业性的披露或报告。

经济鉴证活动的要素分解有助于理解实时鉴证的实质。以企业交易的记录方式为例，随着条形码、扫描仪、自动交易记录系统、成本低廉的数据储存及传输系统的出现，企业不再依赖传统的复式账簿和科目表格来登记、汇集信息。此外，应用数码芯片进行标识的数码仓库、以互联网为基础的电子数据传输、日新月异的企业间网络协定等技术使企业数据以较低的成本进行实时捕捉。供应链管理、企业流程再造、作业成本管理、平衡积分卡等管理理念的创新与推广为开发实时的信息汇集和决策支持提供了战略动因。

任何经济鉴证方式的设计与实施都与被鉴证企业的信息系统特征密切相关。如果企业的信息系统采用的是实物账簿形式，那么经济鉴证（这里指传统的审计）就必须依靠对企业交易定期地进行随机抽样和测试，检查簿记数据以核实该企业信息系统的准确程度。这种经济鉴证方式要求企业信息系统中信息的储存和处理过程可以观测，而且信息处理的先进程度受到簿记技术的限制。当然，这些簿记技术的局限性也影响了企业信息系统的准确程度，会导致信息处理过程中的失误概率增加。但是，出于成本及对企业活动的干扰性因素，一般企业通常在一个会计期间来执行审计程序，以核实信息系统的运作性能，大型企业则会执行一些中期审计工作，高频率地进行传统的经济鉴证程序几乎是不可能的。

计算机系统与网络信息技术的进步对企业信息系统的特征产生了根本性影响，企业信息系统进一步自动化和整合化，这些质的技术飞跃使企业信息系统日益复杂成熟，信息处理过程也日益难以把握。在这种企业信息系统环境下，执行审计也必须对审计方法进行根本性变革。因此，在实时的信息环境中捕获信息，经济鉴证程序也必须做到实时，同时被鉴证企业出于自身利益考虑，或在某种程度上出于第三方鉴证人员的需要，会对本企业的数据和信息进行实时捕捉。

对实时鉴证结果的披露或报告在现有的网络技术条件下是很容易实现的，而且成本并不昂贵。互联网、内部网、电子邮件等技术都可以成为实时鉴证结果披露或报告的手段，这些报告手段使实时鉴证结果随时可以获取。

在实时鉴证的三个关键要素中，第一个要素是既成的事实，第三个要素对鉴证结果进行专业性的披露或报告很容易实现，而第二个要素鉴证人员的实时监控与分析最具有挑战性。在被鉴证的企业中，信息可以实时收集，是否就意味着一定能够进行实时的监控和分析呢？实时鉴证到底可以达到怎样的精确程度？这些就是下面从实时鉴证的方法和技术方面要考虑的问题了。

三、企业信息披露规范与实时鉴证

从公开的企业财务报告方面观察，似乎也难以显出对审计的经济需求。美国有一家大型会计师事务所就美国证券委员会（SEC）要求上市公司官方存档的企业季度报告是否经过审计这一问题，对财务分析师以及基金项目经理进行了调查，结果发现 50% 的调查对象错误地认为上市公司存档的季度报告是经过审计的。这一结果无疑表明，包括专业人员在内的众多财务报表使用者对鉴证结果和官方审查结果的区分并不清楚。从理论上讲，实时鉴证最有效的应用范围仍然停留于目前尚未成熟的交易方式，因此由于缺乏普遍性，经济鉴证还不能成为像财务报表审计那样的法定规范。同时，信息技术的复杂性减弱了实时鉴证的需求。但是，有关的会计研究表明，提高企业的信息披露的宽泛程度，如企业资本成本信息，会为企业带来效益，但是提高公开披露的频率也会给企业造成一些消极的影响。这些影响不仅使披露的成本增加，还招致一些管理问题，如可能产生法律纠纷和责任，增加披露内容对企业竞争优势的减损，等等。企业经营者不愿急于披露规定范围以外的信息，这一点是可以理解的，因为企业需要借此保持信息不对称以及经营者进行管理操控的优势。此外，自愿信息披露一旦开始就很难终止，否则会被视为一种消极的信号。现行审计的对象是年度财务报表，仅限于财务信息的审计，而未来审计不仅包括财务信息，还包括非财务信息。

四、实时鉴证的经济成本与实时鉴证

对经济鉴证的忽略可以从降低交易成本的其他途径得以解释。例如，企业通过经验建立的诚信、法律责任的威慑、服务质量的保证、声誉及其自身利益需要等，这些因素都可以用来降低企业的交易成本，从而淡化鉴证的经济需求。实时鉴证减少了市场的波动，如可以消除或降低常见的季度性盈余波动。同时，披露和报告的范围的扩大与频率的增加可以降低企业债务融资和权益融资的资本成本。企业意识到保持与投资者的良好关系是企业财务方针的重要环节，这种良好关系的维系则要依靠为投资者提供与其投资利益相关的信息。但是，如前所述，企业管理当局在披露自愿或额外信息的同时，要顾及对自身竞争优势的影响、收集和呈报信息的经济成本以及传送信息所附加的法律责任。实时鉴证的直接成本很容易计量，主要从实时鉴证系统的研发、应用及其与传统审计模式相比对人力资源的节省（如差旅、面谈、人工收集审计证据）等方面来考虑。从代理理论理解实时鉴证的代理成本则要复杂些。高频率的审计可以降低作为企业代理人的管理当局与作为企业委托人的相关利益集团（包括所有者、债权人和潜在投资者）之间的信息不对称，这种对信息不对称的缓解减少了包括资本成本和代理成本在内的各种成本。实时鉴证产品的报酬方式取决于实时鉴证的经济需求及其满足方式。如果鉴证对象所涉及的相关利益集团有限，如企业与银行的债务契约，那么鉴证的经济需求十分明确，而且通过鉴证满足这种经济需求的方式较为简单。

只要鉴证费用低于所降低的交易成本，被鉴证的交易涉及的双方都可能愿意支付鉴证费用。但如果需求方是多个，正如前面对实时鉴证的分析那样，就难以建立有效的经济鉴证报酬机制。一方面，有些经济需求并不能够转化成新的经济鉴证产品。举一个简单的例子，企业员工希望通过独立鉴证的结果来了解本企业的发展状况和诚信程度，但是这种需求很难通过某种单独的鉴证活动来满足，即使在实时鉴证完全实现的环境下也是不可行的。因此，企业只能以提供总括性的经济鉴证结果来满足员工招募战略的这种需求，但有些情况下这种问题是无法由总括性的鉴证结果解决的。另一方面，实时鉴证需求方的多重性存在“搭便车”的问题，其表现为实时鉴证这一事实本身就如经济鉴证结果一样具有信息含量。因此，尽管经济鉴证报告是保密而不对外披露的，但从企业行为或其他经济需求方的表现就可以推断出鉴证结果的信息含量。企业与银行签订债务协定就存在这种情况，当一家银行在得到贷款企业的财务报表鉴证结果后取消贷款计划时，这一行为就会提示其他银行要注意该企业的财务状况令人质疑，使这些银行因此省略了支付鉴证报告的费用。除考虑实时鉴证的经济成本由哪一方负担的问题之外，实时鉴证产品的所有权问题也是阻碍实时鉴证发展的关键因素。无论是哪一方需要实时鉴证报告并为之承担费用，这些报告本身终将取决于企业的实时交易系统的生成结果。尽管鉴证人员从中应用了自己的专业知识、名声以及鉴证技术，但经济鉴证实质上还只是企业自有信息的重复。因此，虽然鉴证人员通过提高这一信息的质量而使其增值，但企业仍可以保留将这些信息转换成其他鉴证产品或服务的权限，这意味着被鉴证方决定了经济鉴证过程所生成的结果如何使用。

第四节　“互联网+”时代实时在线审计对策

一、实时在线审计相关基础

（一）实时在线审计相关概念

实时在线审计是一种新的审计模式，它能够使独立审计师在与其审计任务相关的事件发生的同时或之后较短的时间内，以出具实时、连续的审计意见的方式，提供与该审计任务相关的书面鉴证报告。要做到这一点，审计师必须依靠现代信息技术。

随着我们越来越多地涉足实时审计领域，技术工具的运用使审计工作与审计客户的应用系统之间的联系越来越密切。虽然实时审计只有十几年的发展历史，但是现代信息技术的进步与突破使实时审计成为一种可以实现的审计方式。实时审计整合了信息技术与开放式的数据库结构的优势，使审计师通过感应器和数字代理在互联网上监控审计客户的应用系统。当客户应用系统中的记录与数字代理所授权的规则不相符时，审计师及审计客户都可以及时地通过电子邮件等渠道收到警戒信号或例外报告。这时，审计师可以确定下一步将采取怎样的处理措施。

例如，当审计客户的应收账款严重高出以前年度水平时，对审计客户账户执行分析性程序的数字代理就会向审计师发出关于被执行的客户应收账款在数字代理指定参数范围之外波动的例外报告。当然，实时审计并不只是停留在这一步，而是进一步地执行下一步审计程序。在这个例子中，审计客户的应收账款账户被系统激活，数字代理将自动进入交易层次的分析，即从交易来源中查找原因（如某年某月某日有一笔大额销售收入入账）。这样的细节将及时地传送到审计师手中，审计师可以立即针对这笔销售收入的账面金额与审计客户核实交易情况，待审计客户在核实交易的具体事项后，以电子邮件的方式向审计师发送书面的确认信息。

（二）实时在线审计的核心

在网络时代条件下，业务活动中的数据处理日渐频繁，日常审计工作中的信息依据、审计证据、审计结论及审计报告的形成和发布等所有审计程序都会在网络平台上展现，从而形成一个动态的结构化链条，各个部分都相互联系、息息相关，一旦某个系统停止工作，就会对主体的生产经营活动产生直接影响。与此同时，随着审计报告实时系统的应用，使审计部门和机构通过网络系统实时获取被审计单位的信息和数据，审计工作也可随时进行，而不必等到财务报表公布之后才进行，这也使得审计工作从传统的事后静态审计向现在的事中动态审计方向发展，体现了网络审计的时效性和连续性。这样，审计监督工作在运行速度方面有所提高，相关的审计结论和审计报告形成的周期也有效地缩短，保障了企业财务状况的真实性、合法性和可靠性，便于相关投资决策者及时获取和了解企业的财务资料。

实时审计整合了信息技术与开放式的数据库结构的优势，因此其核心是数据分析技术的运用。如何从被审计单位海量的数据中挖掘出有价值的审计线索则是审计师需要解决的问题。在现今的大数据时代，信息的准确性直接影响着审计结果，所以我们只有确保数据的准确性，才能降低数据分析结果的误差。但从被审计单位获取的数据中嘈杂、混乱信息的比重不在少数，这使数据的前期处理往往需要耗费很多的审计资源，给审计工作的开展带来很多困难。一方面审计师要保持足够的耐心去认真化解这些数据上的混乱对审计工作的影响；另一方面，审计师需要创新审计方式和方法，开拓新思路重新审视数据的精确性。从简单的信息存储到大数据的广泛应用，数据所包含的内容越来越多，不紧跟时代的步伐只能让审计之路越走越窄，因此审计师应该紧跟发展的潮流去接触新事物、新方法，开阔审计视野，同时掌握数据库技术，敢于尝试数据分析的新技术。

（三）实时在线审计的动机

实时审计的基本前提是审计师所鉴证的财务报告必须也是实时的，而实时的财务报告又要求所有的信息（包括估计信息和市场价值的信息）都可以实时收集。这一点是最难突破的技术问题。尽管现有技术能够实现实时的财务信息披露，但是如果企业不愿意或不能够运用这些技术且将其关键的财务数据实时地提供给审计师，那么实时审计是难以实现的。实时审计的争论在最近几年似乎有了一个比较大的转变。以前人们讨论实时审计的时候主要关注的是技术问题，甚至是审计之外的技术问题，现在的主要焦点则是“我们是否愿意做到”的问题。实际上，实时审计只是一种产品。我们对这一产品要考虑的问题有很多，诸如：这种产品的需求方（市场）是否存在？如果有市场，那么谁会来为它买单？审计师及其审计客户是否愿意在现有审计技术的基础上采用实时审计的新模式？是否有必要将实时审计程序制定得更加实际一些，以便大小企业都能够处理好实时审计的企业环境？即使上述这些问题都得以解决，也应该考虑审计事务所应在何时、以怎样的方式提供实时审计服务。不过，在现有的企业经营环境下，主要有三大动机推动着实时审计的发展，它们分别来自市场、政府以及企业本身。第一，市场压力。目前，一些审计事务所在审计市场竞争中迫于市场的压力，开始向实时审计的方向迈进，尤其是那些为大型上市公司提供审计服务的审计事务所。通常审计事务所对实时审计的考虑主要基于两个方面：一是成本和效益的匹配；二是价值最大化的动机。第二，政府的管制。安然事件之后，美国政府大力推行及时的企业财务报告，而且美国证监会迫于政府的压力，要求企业至少每个季度为投资者提供用简单朴素的英语表述的企业信息，以便投资者判断企业的财务绩效和风险。第三，企业本身的动机。企业采用实时审计可以提高自身声誉，创造更有利的外部诚信。一方面，企业信息披露频率的增加使企业受益，原因是企业信息披露周期的缩短可以降低不确定性，增强投资者对企业的信心。另一方面，实时审计为报告频率增加的企业财务信息提供鉴证，可以使企业所披露的数据或信息保持公正及完整性。

二、实时在线审计模型的构建

随着现代网络与信息技术的飞速发展，实时财务报告已经逐渐成为可能。学者艾略特指出：“不久的将来，实时审计不但是可能，而且是必要的，它一定会实现。”在美国的新泽西州立大学，自 2000 年以来，每年均会举行“实时鉴证与审计研讨会”，这极大地推动了实时审计的发展。

AICPA（美国注册会计师协会）以及 CICA（加拿大特许会计师协会）联合研究小组将“实时审计”定义为一种在相关事件发生的同时或稍微滞后的时间内出具的、关于审查会计报表是否公允地披露了经营活动的实质的实时鉴证服务。

对于实时审计，AICPA 以及 CICA 同时表达了浓厚兴趣，并号召学术界研究实时审计的概念及其在不同的审计领域内的应用。以下是 AICPA 以及 CICA 建议使用实时审计的其中一部分领域。

（1）评价企业的电子商务交易信息的真实性、完整性，以及其网络系统的被认可程度是否符合相关的政策。

（2）审查某一特定系统的有效性。

（3）与债务契约执行情况相关的财务信息。

在我国，相关的讨论及研究虽然已经逐渐增多，但是发展还是相对缓慢的。国外先进的理论成为我们可以借鉴的对象。为此，在本书中，将介绍由 J. Woodroof 和 D. Searcy 设计的实时审计概念模型，并将此模型运用在对债务协议符合情况的鉴证中，以验证其可操作性。基于“纸化”文件的计算机会计系统正迅速地与现代科技以及商业实践脱节。这一个传统系统有着先天的缺陷，会降低信息的质量，并因此而影响信息使用者的决策准确性。在许多情况下，传统的年度或季度报告时效性不强，通常是事件发生后较长的一段时间后才到达信息使用者的手中，影响了信息的相关性。这项传统的鉴证服务的价值正不断下降。事实上，近年来对年度报表审计的需求已变得疲弱，而且其未来发展空间相当狭窄。

审计的环境是随着外部经济环境的变换而变换的。从 EDI（电子数据交换系统）电子商务到各种网络的相互连接，现在的技术按照商业活动的进行模式不断改变。例如：EDI 是一个标准化、结构化的传输数据工具，大大地缩短了商业的周期，提高了大型企业运作的效率。现在，由于成本的降低以及互联网的发展，一些中小型的企业也开始使用 EDI。相信当网络安全真实性以及隐私等问题得到解决的时候，会有更多的企业选择使用 EDI。当 EDI 被更多的企业采用，以电脑程序监控代替手工控制的应用将更广泛。当电脑程序监控的使用增多时，相应地，在分散的网络上使用先进的自动审计工具和技术的需求也会增大，其中一种常用的技术是数字代理。

由于数字化的商业环境不断扩展的需要，有相当一部分的经济业务已经脱离了“纸化”的基础，实现了“无纸化”。因此，传统审计程序中的实质性测试必须减少，因为其所依赖的“纸化”文件已经“蒸发”了。购货订单、销售发票、船运单据、支票、收货单和其他的单据、文件都由电子系统进行保存。以上这一现象缩短了事件发生与出具审计报告的间隔。再者，有一部分企业更将自身的实时会计系统连接到不同的网页上，为信息使用者提供不断更新的数据。即使某些在短时间内变化不大的数据（如折旧）也可以通过连接到网页上方便信息使用者了解企业固定资产的真实价值。

三、实时在线审计方案实施模型

“互联网 +”时代科技的高速发展改变了审计的实质、时间以及证据，使实时审计这一想法不再仅在科技上、经济上是可行的，还成为必要。

一个实时审计模型包括以下几个部分：各种相互连接的网络服务器——客户、审计人员、第三方和评估网页；实时审计环境；所涉及的实时审计协议；可靠的系统；安全系统以及实时审计报告。

（一）网络服务器的连接

作为最基本的要求，实时审计需要将涉及的各方的网络服务器连接起来，并且相互授权给其他各方进行数据的传输。审计客户的服务器要授予审计师一定的权限进入其数据库。审计师的服务器则是作为传输数据的媒介，为第三方以及外部使用者提供有限的权限进入审计客户的服务器，获取信息。第三方的网络服务器代表不同的供应商或者审计客户的顾客。第三方可以是商品的供应商、金融机构（提供资金）以及被审计方的顾客，因此资产负债表上有一部分的账户（应收账款、现金、应付账款等）可以由电脑系统自动执行。评估网页的服务器则代表了包含账户调整信息（如存货的成本与市价孰低等）的网页。

（二）实时审计的环境

在实时审计的环境中，审计客户电脑系统中的数据是由嵌入式的装置（如软件）进行连续实时监控的。任何与审计师设定的规则相违背的情况，都会触发系统的警报程序。同时，电脑系统会将此情况通过网络传送到审计师的电脑上，使审计师能够及时判断是否出现破坏或者异常。进行实时审计，要求被审计的报表数据（包括估价以及市场价格）可以实时在网络上获得。

第一，审计师达到相当的技术水平，可以提供实时审计服务。这要求审计师不仅要具备审计的相关知识，还要具备一定的有关信息系统和网络技术的知识与技能，能够设计并维护实时审计环境的运作。第二，审计客户的网络系统能够自动收集、储存、整合以及处理数据，从而提供实时的数据。

所以，尽管科技的发展已经可以满足实时审计的需要，但是假如企业不采用适合实时审计的电脑信息处理系统，那么实时审计仍然是无法实现的。目前，相当一部分的企业正尝试把财务报表放在网络上。举个例子，财富500强的企业当中有99%的企业拥有自己的网站，其中94%的企业更在自己的网站上公布财务报表。另外，52%在纳斯达克上市的企业将财务报表等财务信息在本企业的网站上公布。必须注意的是，这只是指网上报表，而不是实时报表。

实时审计提供以下三项不同程度的鉴证服务，此三项服务按照其重要性以及其必须执行的审计程序进行分类。

（1）评价审计客户网络系统的可靠性以及安全性的鉴证服务，此项服务类似 AICPA 的 SYSTRUST（系统诚信）鉴证。

（2）对网络系统产生的实时财务报表是否公允发表的审计意见。

（3）评价审计客户的网络系统是否符合其与第三方签署的相关协议的鉴证服务。

要使实时审计可行，审计客户系统的数据必须可以自动地从日记账汇总到分类账，然后汇入财务报表。日记账按照年代顺序排列，分类账则按年、月、日进行分类。所有的这些数据都建立在同一个数据库中，这样，财务报表上的数据就可以反映即时的会计记录的信息。信息使用者只需输入一个索引，电脑系统便会自动显示日记账、分类账、应收账户以及资产负债表。

（三）数字接入

目前，互联网已经深入企业，随着 XML 等开放网络标准的应用，数据的接入更加容易。近年来，随着云技术的普及和 XBRL 等网络协议和工具的流行，原来各种系统之间的信息交换变得更加简单而可靠。但是，在线审计系统需要克服一系列技术上和组织上的挑战，加上企业内运行着大量的信息系统，所以很难为审计师开发整合式的在线审计系统。大多数企业的信息系统被设计为单独运作，只有初步的网络沟通能力。这些传统的信息系统已经慢慢被新的系统替代。企业现在开发的系统信息系统（如 ERP）更加注重数据的标准化以及与其他子系统的协作。这种趋势使持续性在线审计的技术障碍得以在未来克服。当几乎审计师所需的审计证据都可以在线获得的时候，在线审计系统将进一步成为审计信息情报中心，支撑审计师做出审计决策。

同时，由于数据采样周期缩短，数据范围也在扩展，审计师将要面对由各种数据源所产生的爆炸性增长的数据量，未来的审计必定也会进入“大数据”时代。传统的在线审计数据分析技术主要有利用数据库管理系统的查询分析功能、利用审计软件以及利用联机分析处理（OLAP）技术等。审计师可以借助此类数据轻易实现数据之间的穿透查询，但此类分析依旧需要大量的人工判断，无法高效处理大量的数据，缺乏挖掘数据背后隐藏的审计线索的手段，难以追踪复杂环境下的舞弊线索。随着大数据时代的到来，大量数据挖掘技术迅速应用到数据分析之中。数据挖掘是指从大量的、不完全的、有噪声的、模糊的、随机的实际应用数据中自动提取人们感兴趣的知识，帮助人们进行分析和预测。它与传统分析工具的不同点主要在于数据挖掘技术应用大量机器学习的算法，主要应用分类、聚类、关联、预测和孤立点分析技术，更侧重无特定目标地运用模式匹配和多种算法来发现数据之间的重要联系。数据挖掘技术作为从海量数据中获取知识的有效手段，采用此技术，审计师能够在专家或分析人员的指导下对海量数据进行分析，获得审计线索。其中，数据挖掘的孤立点分析尤其适合用于审计。孤立点分析利用企业大量的数据，如会计凭证、账簿和报表中大量的财务会计数据和其他各种性质的数据资料，通过特定的算法发现异常的经营业务和数据变动。

四、实时审计协议

实时审计协议是指实时审计过程中所涉及的各方（如会计师事务所、审计客户、供应商和被审计方的顾客）所签署的协议。虽然最主要的涉及方仅包括会计师事务所和审计客户，但是由于实时审计的过程中审计师需要从被审客户的供应商（卖主以及金融机构）以及顾客处获取某些特定的数据资料，所以实时审计协议应该列明会计师事务所和所涉及的第三方对实时审计程序的理解以及双方应承担的责任。

实时审计协议除了包含传统的契约外，还应该提及进行实时审计所需要的技术性的问题。比如，系统的可进入性和有效性、程序设计以及异常情况的公布等都是应该在协议中列明的技术性问题。

五、系统可靠性的特征

实时审计完全建立在相互连接的系统的可靠性的基础上。任何对未经验证是否可靠的会计信息系统数据所做出的实时鉴证都是没有意义的。在实时审计环境中的自动程序都必须是可靠的。

系统的可靠性包括完整性、安全性、可行性和可维护性四个"系统诚信"特征。

（1）完整性。系统能够完整地、精确地收集、储存、整合以及处理数据，从而提供实时的数据。

（2）安全性。系统必须确保数据以及程序不含有非法输入。当怀疑或探测到非法操作时，警报系统应该及时通知审计师，在网页上公布情况，必要时暂时关闭网页。

（3）可行性。对系统进行实时审计的可行性。

（4）可维护性。参与实时鉴证的各方必须签署一份协议，列明每隔一定时间系统出现故障的次数，以便进行维修。

为了确保系统的可靠性，实时系统诚信鉴证（Continuous Systrust Product）成了需要。目前，系统诚信鉴证是一种基于以上所提到的4个特征以及58项标准的评价系统可靠性程度的定期鉴证报告。

六、系统安全性的特征

信息在各方网络服务器之间传输，所以安全十分重要。数据传输的过程必须是授权的，并保障数据的机密性、完整性以及真实性。

（1）授权。系统应该授予某些特定的使用者个别的权限进入系统。只有经授权的使用者才可以进入系统数据库获取信息。这一步骤可以通过防火墙、密码等方法实现。

（2）机密性。必须保障网络系统数据的机密性。这可以通过使用各种加密技术实现。

（3）完整性。保护系统的数据以及“实时审计报告”的完整性，使之不被窃取或非法篡改。

（4）鉴证。检验往来数据的来源，以保证系统的安全运作。

从以上描述不难发现，可靠系统与安全系统的特征有着重叠的部分。事实上，两者有着密切的联系，脱离任何一方谈论另一方都是没有丝毫意义的。只有当信息同时具备可靠性与安全性时，信息才是有用的。

可靠性与安全性的概念还涉及一些虽然处于实时审计的外部环境，但是影响着实时审计是否可行的因素。现在，有许多由专业机构提供的各种鉴证服务以满足对网页、网站可靠性与安全性进行鉴证的需求。比如，更好的营商环境，“电子商务诚信”鉴证签名，国际计算机安全协会以及网络诚信，这些服务提供了不同程度的鉴证服务。其中，AICPA的“网络诚信”2.0鉴证服务就是解决电子商务活动中四种常见风险的综合型产品。这四种风险包括商业活动过程出现各种问题的风险、记录的完整性受到破坏的风险、信息的可靠性与安全性不足的风险以及发布财务报告的风险。

七、实时审计报告

实时审计的对象不仅包括被审计对象的财务信息，而且包括非财务信息。在现代信息处理技术高度发展的情况下，企业的会计信息系统已成为网络化数据系统的一部分，企业的财务信息通过网络信息技术实现实时的披露，财务信息之外的各种交易信息也实现了信息处理系统中的实时共享。因此，实时审计报告模式应该披露或者报告被审计对象的财务状况和经营业绩、网络财务系统的合理性及安全性、专门的财务分析系统对被审计对象未来形势进行的分析、被审计对象的重大变化及其对相关利益者产生的影响。

我们从审计发生的频率、审计结果的表达形式、审计对象的信息内容和信息含量、审计报告的审计方式，以及审计报告的使用者群体等方面，将实时审计在现代企业内部审计中应用的实时审计报告与传统的财务报表审计报告进行了比较（见表7–1）。

表7–1　传统审计报告与实时审计报告对比

	传统审计报告	实时审计报告
审计频率	期间	实时
审计结果	审计意见	经济鉴证
信息内容	主要针对财务报表信息	主要针对企业各种信息
信息含量	以历史信息为主导	包括大量实时和未来预测信息，也包括历史数据
使用范围	向企业所有者提供	向企业所有者及管理者提供
审计方式	纠错、侦查舞弊	除传统方式之外，还建有监控与管理建议功能

通过比较我们可以知道，在审计报告的形式和内容上，以及在审计报告的编制和使用方式上，实时审计报告体现了信息处理技术的发展对会计审计领域的重大影响，也体现出会计审计的发展是基于经济环境发展的基本前提。传统的报表审计报告是现代企业制度和工业经济环境作用与会计信息需求的产物，信息处理技术高度发展下的实时审计报告也正是现代网络信息经济作用与现代企业经营管理的产物。

实时审计概念是在信息处理技术不断发展的电子商务环境下提出的。在这种商业环境下，传统的审计模式与企业的信息技术、网络技术融合，使得审计目标也具有针对企业资源计划和电子商务的独特性，这种独特性体现为：实时审计要通过实时监控确保企业战略信息的安全性、可靠性和完整性；实时审计是从实物形态上的资本保全转变为对投资者利益及各种资产价值的保全，包括企业系统及网络的价值；信息资产是现代企业生存与成功的重要因素，审计的主要社会功能是监督企业对这些信息资产进行合理、有效的使用与管理。

传统审计建立在查错防弊的基础上，审计目的主要在于揭露会计资料中的错误与舞弊现象。但是在电子商务环境下，实时审计的目的不仅包括揭露会计错误，而且还需要对企业财务状况及其经营过程所取得成果的数字的形成过程进行审计，从根源上防范、杜绝会计错弊现象发生，提高企业经营效益，同时向被审计对象提供管理咨询、技术支持等多元化服务。

具体来说，除了防范会计错弊，开展全方位日常实时审计的目标应为：一是为企业管理层提供决策支持。通过日常监管系统的连续监测，实时发现并反映带有苗头性、倾向性的问题，及时为高级管理层的决策提供支持信息。二是加强内部管理，及时提供预警信号。通过实时审计及时发现被审计对象经营管理中存在的问题和面临的风险，并将这些情况及时反馈给有关部门，促使其采取有效措施，努力将问题消灭在萌芽状态，将损失减少到最低程度。三是为现场稽核提供线索和依据。通过对被审计对象的经营风险状况进行测量、分析、评价，迅速捕捉到潜在的问题，有针对性地为现场稽核选点和科学调配力量提供参考依据。

第八章 “互联网 +”时代财务会计的创新研究

如今，我们已经进入互联网时代，从电子管到晶体管，再到集成电路、大规模集成电路，在摩尔定律的牵引下，IT 互联网技术跨过了半个多世纪的发展。其中，真正影响全球进入全面产业化，是从个人计算机开始的，这也开启了 IT 互联网领域第一个真正的时代——PC 时代。在 PC 发展的同时，互联网开始萌芽，并迅速席卷全球，各行业领域和人们的生活娱乐方式再次发生巨变。就以“互联网 +”来说，“互联网 + 银行”出现了支付宝，“互联网 + 媒体”出现了今日头条。互联网正在改变着我们的生活，我们更应该积极地接受互联网带来的新技术，并将它们运用到自己的领域中，使它们发挥出最大效用。

财务会计的问题在很大程度上可以通过互联网新技术加以解决。在这个信息化程度非常高的时代，很多信息都可以在互联网上找到，这就大大降低了信息的获取成本，减轻了会计人员获取信息的负担，提高了劳动效率。同时，互联网可以保管财务信息，通过对财务信息的备份，即使书面的账簿遭到损坏，也可以进行数据还原。互联网的操作往往需要权限，只有拥有相关的权限才能够进行数据输入或者修改，这样就在很大程度上减少了人为问题的产生，改善了监督系统。互联网在近些年发展迅速，出现了许多新的技术，这些技术可以改变原有生产模式，推动会计行业进入一个新的阶段。因此，研究“互联网 +”时代财务会计的发展趋势尤为重要。

第一节 “互联网 +”时代财务会计的发展趋势

一、“互联网 +”时代财务会计专业化趋势

财务会计工作主要是对财务会计信息进行分类、记录、计量、计算和报告。在这个过程中，必须保证财务会计信息的准确性、及时性，同时财务会计系统的运行过程必须与经济运行主体的全过程相适应。要满足这个要求，财务会计人员就必须是复合型人才，同时具备科技、管理知识以及创新思维。财会人员要具备扎实的财务会计、管理会计和审计知识，熟悉企业业务流程、产品生产工艺，等等。

企业的业务往来都会有相应的会计信息产生，每一笔业务对应着一个会计信息。财务会计必须准确、及时地记录这些会计信息，并对其进行全面的数据分析整理，最终为企业领导者和投资者提供简单、明了、全面的企业财务报告，让领导者和投资者全面掌握企业的财务状况，为他们的决策和投资提供可靠的依据。这就要求财务会计人员必须具备较强的分析能力，能够通过对各种财务会计信息的分析，让领导者找到提高企业利润的方法、投资的正确方向以及最佳的营销策略。当代社会经济发展迅速，诚信在社会中变得越来越重要。作为财务会计人员，保证会计信息的真实有效是我们最基本的职责，也是在工作中讲诚信的重要体现。今天，随着网络信息的快速发展，财务会计也得到了迅速发展，企业信息的使用者都可以在网上查到自己所需的信息，会计信息相对透明，这也就意味着所有人都可以对会计信息的真实性进行监督，因此财务会计人员必须诚实、守信。但是，目前我国部分会计人员仍存在不守信的现象，素质相对较低，经不起金钱的诱惑，因此我国必须建立规范的财务会计职业道德体系，大力开展会计职业道德教育，提高会计职业道德修养。

二、“互联网 +”时代财务会计多元化趋势

从国内实际情况来看，会计师事务所是我国最为主要的会计服务机构。会计师事务所作为专业服务机构，其通常为会计单位提供包括审计、资产评估、管理咨询、造价咨询、税务代理等诸多内容在内的服务。其中，审计业务在会计师事务所业务中的占比超过八成，并以年度会计报表审计和上市公

司审计为主要工作内容。我国会计师事务所成立时间短，自身的形象和信誉尚未完全建立起来，资本积累有限，工作方法和手段、人员素质以及事务所的规模等方面与国外同行相比差距较大。当前，市场竞争机制不断成熟，我国会计师事务所林立，如何适应会计师事务所的多元化和专业化的发展趋势，使其在市场竞争中不断稳固自身地位是必须不断探讨的问题。国内会计师事务所可以考虑加入国际知名会计师事务所，依靠其品牌影响力来发展自己，并以国内实力雄厚的会计师事务所作为支撑。

多元化的会计信息系统构建是一种比较理想的模型，在具体设计和应用的时候还有种种问题需要解决。考虑到很多数据库基本元素的独立性、共享性、多维性、集约性不足，将会计事项和数据库技术进行结合还是会有一定的问题。同一个会计数据要满足不同利益相关者的需求，就需要结合不同的会计政策进行处理，这必然要求这些会计理论和数据库进行结合，但这在具体的实践中有可能出现差错。

三、“互联网+”时代财务会计云会计趋势

云计算是通过网络云将一个数据处理程序分解成无数个小程序，再通过多个服务器组成的系统处理和整合这些计算结果并返回给客户。通过这项技术可以在短短几秒内实现庞大的数据处理，从而实现高效的网络服务。云计算将网络中的众多计算资源结合起来，只需要少量的人员参与就可以快速提供资源。除此之外，云计算的特点也体现在它的高灵活性、可拓展性和高性价比上。由于云计算主要运用的是虚拟化资源，大多数资源都存放在云计算的虚拟资源池中统一管理，可以灵活调用，快速地按照需要部署资源。云计算主要有三种服务，分别是基础设施即服务、平台即服务和软件即服务。基础设施即服务就是通过云计算的虚拟资源池为用户提供虚拟化的计算资源；平台即服务是为开发人员提供一个全球互联网构架平台，为开发人员提供一个良好的开发环境；软件即服务就是提供一些供应商托管的软件程序，允许用户连接到程序并通过全球互联网访问程序。云会计就是利用云计算进行会计服务，通过云技术在网络上构建一个虚拟的会计信息系统，完成会计核算和会计管理等内容。与传统的会计软件不同，云会计不需要购买会计软件安装在特定的电脑上，而是通过在线会计软件，随时随地通过互联网接入系统，没有使用设备的限制。这样就降低了企业的财务成本，企业不需要为每

一台电脑都购买财务软件，只需要购买一次就可以通过不同的设备使用系统软件。同时，企业可以根据需要从不同的供应商那里购买计算软件，提高企业的运作能力。另外，加快了企业的信息化进程，将财务部门与生产部门、销售部门联系起来，使财务部门等可以获得第一手资料，更有利于期末报表的制作和企业资金的管理。其他部门也可以迅速获得财务部门的信息，了解自己部门的预算使用情况和资金运作情况。最显著的优势应该是云会计实现了企业会计的随时办公、随地办公，只需要通过互联网登录系统，就可以获取财务信息，进行会计处理。

四、“互联网 +”时代财务会计区块链记账

区块链提供了一种新的信任模式。目前广泛使用的信任模式是集中化的，由以中国人民银行等为代表的机构提供统一的信任背书。与此同时，集中信任机制必然在时效、费用方面存在天然的不足。区块链是一种分布式分类账。所谓分布式，是指信任不再集中在某个集中化的机构，账本的一个改动将在多个节点备份，一旦发生就无法篡改，因此让人们无须再依赖中央机构仲裁交易。虽然受到计算速度、成本上的限制，但是区块链已经到了商业应用的阶段。

由于区块链是分布式账本数据库，它通过一连串的数据块，使全网的信息与资源都包含在这些数据块中，用于验证信息的准确性以及交易的有效性。在一笔交易中，先由交易的提出方提出相关要求，然后在网络中的各个节点对该需求进行搜集，每个节点竞争性地通过计算机进行交易验证，先找到解的节点就获得了新区块的权利，也就表示检查通过该交易有效。之后，全网各节点还要对该交易进行核对，在所有节点确认准确性以后就可以更新账本，形成新的区块链，这笔交易也就正式完成了。简单地说，区块链就是将互联网分成一块一块的区域，由每块区域以自己的权限进行信息的记录与上传，是一个分布式的数据库和共享账本。区块链的一大特征就是去中心化。它不再借助第三方管理，没有中心管理，各个节点实现了信息的自我验证、传递和管理。这也体现了区块链的独立性，不依赖第三方，所有节点可以自行进行信息的上传和验证。区块链的每一部分都只有那一部分的权限，不能干扰其他部分的数据，这就避免了人为修改数据的可能，增强了信息的安全性。同时，区块链技术是开源的，除了一些企业的私密信息被加密以

外，每个人都可以查看信息，整个系统公开性、透明度很高。最后，区块链还具有不可修改的特点。信息一旦经过验证传输到区块链就会被永久地储存起来，在单个节点上对数据的修改是无效的。

区块链技术主要是依靠一个金字塔结构的框架，由下而上一共有六层，分别是数据层、网络层、共识层、激励层、合约层和应用层。数据层是最基础的一层，它通过链式结构形成区块链，再通过时间戳对每一笔交易进行记录，最后通过公私钥数据加密技术保证交易的安全性。网络层就是通过 P2P 组网技术，对每一项交易在各个节点中进行播报，通知各节点去搜集有关需求的信息的。共识层是区块链的核心技术，通过网络节点的各种共识机制算法在各节点之间达成共识，进行交易，通过竞争性地搜集信息，最先搜到的获得新区块的权利。激励层则是保证整个系统能够朝着正确的方向发展，对遵守规则的节点进行奖励，对不遵守规则的节点进行惩罚。合约层则是各种智能合约和脚本，对区块链技术进行编程。应用层就是区块链的实际应用场景，与各行各业联合起来，推动生产模式的改变。区块链在会计领域的应用是区块链记账。分布式账本指的是交易记账由分布在不同地方的多个节点共同完成，而且每一个节点记录的是完整的账目，因此它们都可以参与监督交易合法性，也可以共同为其做证。数据不只保存在一个中心节点，而是在全网的计算机中都保存一次。区块链记账中有许多的节点，每一个节点相互独立、地位平等，共同记录账本数据，降低了个人篡改账本数据的可能性。同时，每一个节点都保存着账本的信息，单个节点的破坏不会造成账本的丢失，在很大程度上保证了数据的安全性。在各个节点之间采用共识机制，保证了数据的一致性，不需要再由中心节点向备份节点同步数据。

第二节　“互联网 +”时代财务会计思路的创新

一、财务会计与大数据有机结合

财务部门是企业中与数据联系最紧密的部门之一。随着大数据时代的到来，财务部门为会计部门管理者财务分析提供了更多的信息资源。大数据是规模巨大、结构复杂的数据集合，在合理时间内快速获取、存储、管理、共享、分析可以提供巨大的利用价值。大数据具有四个特点：数据量迅速持续增加、数据输入 / 输出速度快、数据类型和来源多样化、数据价值密度低。

在 2013 年举办的中国会计学会第十二届全国会计信息化年会中，金蝶软件（中国）有限公司的赵亮认为会计大数据分为内部会计大数据和外部会计大数据，应该先发展内部会计大数据。

笔者认为，会计大数据是在原有会计数据的基础上进行延伸之后形成的。它不仅包含在企业内部各部门信息互通的基础上拥有的与会计相关的数据，还包含为了实现某一特定目标，企业通过物联网从外部公开网站获取的同行业竞争对手的财务报告、国家 GNP 指标等所有其他的会计数据资料；不仅包含原始的会计数据，还包含经过加工处理之后的会计信息。比如，采购部门所拥有的供应商数据和信息、销售部门所拥有的客户数据和信息、生产部门所拥有的产品数据和信息都是会计大数据。会计大数据可分为财务会计数据和非财务会计数据，按获取方式又可分为结构化数据、半结构化数据以及非结构化数据。

会计大数据的特征如下。

（一）数据数量规模大

会计大数据是对原有会计数据的进一步延伸，包含企业内部总公司、子公司、各个部门的会计数据和企业外部的会计数据。数据量达到 PB、EB 以及 ZB 级别（1 PB=1 024 TB，相当于 50% 的全美学术研究图书馆藏书资讯内容）。

（二）数据种类繁多

会计大数据不仅包括财务会计数据，还包括非财务会计数据；不仅包括数字等结构化数据，还包含网页资料、发票图片、购销合同等半结构化数据和非结构化数据。

（三）数据输入 / 输出速度快

随着物联网等 IT 技术的发展，平板电脑、手机、PC 以及分布在世界各地的传感器都可以是数据产生的来源和数据接收的载体。传统会计数据对时间处理要求不高，但是在会计大数据处理上一般要在秒级时间范围内给出分析结果，因为时间太长就失去了价值。

（四）数据的依赖性与无形性

会计大数据的产生依赖业务的产生，没有业务就没有会计大数据，因此会计大数据具有依赖性。另外，会计大数据不仅是单纯的会计数据，还包含经过加工处理之后的会计信息，因此具有无形性。

大数据时代背景下，企业财务会计必须紧跟时代的发展步伐，在激烈的竞争条件下获取优势，紧抓机遇，化挑战为动力。尤其是中小企业更应当发挥大数据的优势，体现自身特色。具体来说，中小企业要从内部小数据入手，逐步形成完善的供产销系统，加强自我管理，体现其灵活、精准的特点，构建完善的企业管理体系，结合企业的发展形势，对此体系不断拓展，获取更高的经济利润。由此可见，从企业本身发展来讲，将大数据技术应用于财务会计环节无疑是重要的决策，需要发挥大数据技术的应用优势，针对性地对技术进行更新，引进先进的大数据理念，实现因地制宜，结合自我发展需求，对管理方式进行创新，从而最大限度地保证财务会计工作质量，为企业的运营以及发展创造更高的经济效益，使之在行业中长远立足，实现持续性的发展。

二、有效利用云计算技术，提高信息分析技术水平

在大数据时代背景下，企业的运营以及发展过程中会产生许多非结构化数据信息，很多时候建立在管理会计信息的应用基础之上，无论是从销售、供应还是生产各个环节来讲都会产生海量的数据，因此，必须对这部分数据信息的价值进行深度挖掘，发现其中蕴含的财务会计含义，在大数据财务会计中体现其应用价值。

（一）加强对信息技术的应用

云计算是以信息技术为支撑的，因此要想提升企业财务会计人员对云计算的应用能力就必须加强信息技术的应用。一方面，要借助大数据等现代化信息技术手段对财务会计的各项信息进行广泛的收集、整理、分析和储存，以此建立完善的财务会计信息系统，并实现该系统的共享，使财务会计工作在各个环节和流程中都能够获取相应的信息技术支撑；另一方面，要实现信息技术应用的常态化机制，通过现代化的信息科技实现对财务会计信息系统的更新和维护，使其不断扩充信息技术含量，以此降低其信贷资金所面临的

风险及损失，提升商业银行信贷资金的管理效率，提升其信贷资产的质量，促进商业银行的健康发展。

（二）促进信息化管理的标准化

基于云计算背景下的财会信息化有助于促进中小企业标准化管理的实现。一方面，由于各中小型企业的经营发展战略各不相同，在云计算应用之前很难形成标准化管理模式，但云计算模式推广之后，各企业为了适应新形势变化、加强自身市场竞争力，将向更加专业化、标准化管理方向发展；另一方面，由于云计算具有较强的可扩展性，可以帮助企业更加灵活地掌控、调整企业内部各个财务核算环节，并能够将企业的财务、业务、行政等部门集中到同一个平台工作，实现部门间的无缝衔接和在线协作，更利于标准化管理。基于此，企业可有效利用云计算技术手段，有效利用处理分析技术，提高技术水准，将云计算系统与数据处理分析技术相结合，通过互联网这一途径对海量的数据信息进行加工，整合已储存的数据资源，从非结构化数据中筛选有价值的信息，而后归类为半结构化数据，经过层层筛选，最后获得结构化信息，发挥处理技术的作用，有效利用数据挖掘技术，结合财务会计等实际需求，掌握数据的财务会计含义，逐步形成完善的财务会计信息分析技术，提高信息分析技术的应用水准，突破存储空间不足的桎梏，对庞大的数据信息体系进行高效分析、处理，从中筛选极具价值的数据。

三、制定健全的信息技术保密机制

传统的信息化模式容易造成信息闭塞，面对日益变化的数据信息，不能及时对财会数据进行挖掘分析，进而影响企业制订战略规划。但在云环境下，可以根据企业的实际需要实时进行数据更新和备份，并通过联网终端上传到云存储当中，也可以针对不同企业有针对性地处理预算控制、成本核算等会计信息，企业各部门只需要通过浏览器就可以访问到想要的财务软件应用，并享受云服务商提供的其他技术支持和服务等，在实现内外部信息移动共享的同时解决了数据分布存储、数据实时备份等问题。也是基于此，需要做好信息技术安全防范工作，逐步形成完善的风险应对机制，以保证信息传输、共享过程的可靠性以及安全性，避免出现信息泄露的问题，最大限度地维护客户关系。一方面，可通过外包的形式事先对服务商的信誉进行调查，明确其服务水平，尽可能地选择与安全性强、知名度较高的云计算服务平台商进行合作以提高服务质量，降低信息泄露的可能性，避免信息泄露这一问题带来巨额经济损失。另一方面，企业应当提高数据处理水平，在此基础上，运用加密技术，以防止出现数据伪造、非法访问以及篡改数据等各类行为。例如，客户在填写资料后，需要设置相关的选项，由客户自行选择是否同意信息共享，拒绝共享的应当对相关数据信息进行加密，以确保信息的存储安全。

此外，云计算还能够在长周期维护、业务决策支撑、科研高性能计算等领域发挥优势。云计算与边缘计算之间是互补协同关系，前者更适合全局性、非实时的较大规模资源占用的场景，后者则适合局部性、实时、短周期的小规模资源占用的场景，能更好地支撑本地业务的实时智能化决策与执行。中小企业可以将日常作业的数据信息直接通过网络传输到远程数据中心进行存储和计算，再根据需要访问相应的计算机存储系统，这将大大节省信息化建设成本，并有效提高工作效率。

第三节　“互联网 +”时代财务会计模式的创新

一、“智能 + 会计”模式创新

“智能 + 会计”绝不是在经典会计模式下简单地用 AI 技术替代人工来提高现有会计业务流程的效率和质量，而是用其带来的新技术、新思维推动会计模式创新，实现会计工作的转型升级，甚至整个会计行业全方位的自我革命性变化。“智能 + 会计”的终极目标是构建一个能够自主感知、学习、决策、执行、控制和适应的智慧会计系统。在算法和算力的支持下，根据数字化和智能化不同发展阶段的组合，“智能 + 会计”模式可分为信息化、数字化、智能化和智慧化四种形态，分别对应计算智能、分析智能、融合智能和自主智能四个 AI 技术发展阶段，如图 8–1 所示。

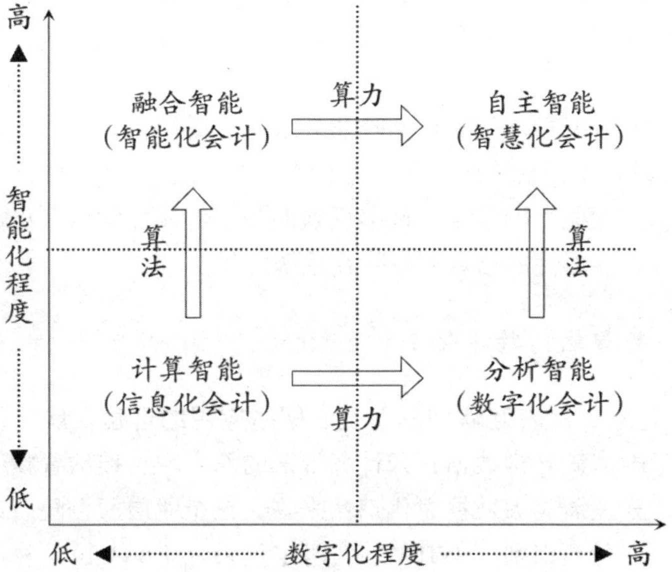

图 8-1　“智能 + 会计”模式创新

（一）计算智能：信息化会计

当数字化和智能化均处于较低水平时，计算机主要发挥 AI 的基础性计算智能作用，替代人工完成部分会计信息的加工任务，我们将这一阶段定义为信息化会计。由于财务会计工作流程稳定，涉及大量数值型数据处理，并且处理算法相对简单，在不同组织之间具有高度一致性，因此在微型计算机发展的推动下，着眼实现财务会计流程自动化的会计电算化于 20 世纪 60 年代末到 20 世纪 70 年代中期在发达国家得到快速普及。由于大量财务会计工作岗位逐渐被计算机替代，财务会计人员开始更多地从事管理会计工作，甚至是信息系统开发、实施和维护工作。

20 世纪 80 年代，企业经营环境日趋激烈，准时制造、柔性制造、全面质量管理等新模式层出不穷，会计作为决策信息主要提供者的角色地位受到企业其他部门的挑战。20 世纪 90 年代，随着企业数字化程度的提高，企业通过 ERP 系统优化和重组业务流程，将会计、制造、人力资源、供应链、销售、财务、预算和客户服务活动等业务流程进行集成和控制，会计流程与其他业务流程开始融合，传统会计信息生产接近自动化，会计在组织中的传统作用进一步退化。这时，管理会计要么构建新的技术体系，要么将工作重心前移，向更加广泛的财务和非财务信息生产、解释和咨询角色转变，从而进入了会计信息化阶段。

这一阶段的显著特征就是将反映业务事件的属性转化为可录入系统的结构化数据。虽然 ERP 系统试图将企业资源都纳入数字化管理，但由于数据采集、存储和处理能力的限制，许多反映业务事件属性的信息仍需人工录入系统，并且有许多属性的信息被排除在系统之外。

（二）分析智能：数字化会计

进入 21 世纪，随着互联网的普及、网络应用的迅猛发展，新技术的应用带来了大量的多源异构数据，云计算带来的算力增长推动着整个社会的数字化程度跃变式发展，大数据时代悄然来临。在企业层面，随着第四次工业革命的到来，在射频识别（RFID）、实时定位系统（RTLS）、物联网、增强现实（AR）和虚拟现实（VR）等技术的支持下，价值链上的企业与企业之间、企业与顾客之间、企业内部不同层级的业务单元之间的数字化集成水平更高。在企业的智能工厂，通过信息物理系统（CPS）实现了信息世界和物理世界的互联互通，通过传感器检测业务需求，通过互联网与其他远程生产工具建立通信，通过大数据获取所需的生产信息。在此背景下，企业需要进行数字化转型。对会计而言，需要借助企业数字化转型的机会，进行数字化会计模式创新，为会计职业打开新的发展空间。

数字化和信息化的不同之处在于，数字化是由机器自动完成数据的采集和录入，信息化则需较多的人工操作。数字化会计是一种由大数据驱动的模式创新。有研究认为，在会计环境中使用大数据将是一种破坏性的力量，因为它需要对传统会计工作模式进行重大变革，数据记录等传统会计任务将变得不那么重要，管理会计技术将逐渐过时。大数据技术可为资产评估、成本分析、预测和预算提供替代方案，管理者可以获得大数据提供的海量外部信息以帮助其做出决策，这将影响到会计作为业务知识创造者的角色。在数字化转型背景下，信息化会计阶段的 ERP 系统难以整合各种实时的大量多源异构数据，这时就需要通过一个虚拟数据仓库，将组织内外的多源异构数据进行虚拟集成。经过虚拟集成的大数据不再根据部门职能边界进行分割，在保证数据安全性和保密性的前提下，各业务部门都可利用大数据分析工具对这些数据进行分析。

在数字化会计阶段，会计人员的核心技能不再是对原始信息的收集、录入和加工，而是对多源异构数据尤其是非结构化的大数据进行分析，并将结果进行可视化呈现，在必要时为信息需求者提供解释。这一阶段开始发挥AI的分析智能作用，在对历史数据描述性分析的基础上，可以进行初步的预测性分析。但由于此时的智能化程度较低，大多数分析任务都是手工完成的，劳动强度高，处理速度慢。

（三）融合智能：智能化会计

会计工作充满了专业判断，这种专业判断过程复杂且易出错，因此要求会计人员有丰富的职业经验。智能化会计就是希望利用AI来替代人工完成专业判断工作，减少会计工作的人工干预。AI在会计领域的应用最早可追溯到20世纪80年代的专家系统，其主要用于审计计划、风险评估、坏账准备测试、税务筹划、银行破产预测、内部控制评估等领域。这一时期的专家系统被认为是试图复制人类专家的行为和专业知识、存储人类知识和经验并将其转化为规则的软件程序，从而试图解决会计问题并执行一些会计任务。但要让专家系统掌握人类所具有的看、听、说、推理和学习能力，当时的AI技术还无法实现，其在实践中没有发挥明显的作用，最终导致这类系统上线不久后就被弃用，AI在会计领域的应用也陷入停滞。

AI在会计领域的早期探索遇到挫折的主要原因在于，当时的数据、算法和算力还不足以支持AI模拟人类智能的高级方式，从而导致AI的理想与现实之间出现无法逾越的鸿沟。严格来说，当时的专家系统并不属于本书所界定的AI范畴，它们假设人类智能可以通过自顶向下的方法形式化为一系列“如果（if）—那么（then）”程序语句的规则集合。这显然只是对已有知识的应用，但不能学习到新知识。当然，将已知的可以用计算机规则表示的人类智能用于支持专业判断还是很有必要的。

随着ERP系统的普及应用，可用的结构化数据大幅度增加，这时可以逐渐让专家系统具备一定的学习和推理能力，提升专家系统的智能化水平。不过，在数字化程度较低的条件下，AI的智能化水平非常有限，只能在较低水平、有限范围内应用，需要大量的人机交互方可完成任务。在此过程中，人类和机器之间最有效的分工模式是人机融合智能，即利用人类智能和

AI 的互补优势，使两者的行为比各自独立时更聪明。

虽然现在已经进入非结构化数据占主体的大数据时代，但“智能 + 会计”的数据还是以海量的结构化数据为主。只要政府、行业和企业将各自掌握的结构化数据逐步实现有条件的开放共享，专家系统的智能化水平就有望得到逐步提升。目前，区块链技术已经开始用于帮助提高数据传递的安全性和完整性，机器人流程自动化（RPA）也被用于自动完成会计工作中涉及的多系统交互任务，这些新技术的应用有助于提高智能化会计的自动化水平。在智能化会计阶段，智能化、自动化水平的提升极大地减少了人工会计工作需求，原会计工作内容已经缩减到人机交互中需要进行判断、决策的领域。

（四）自主智能：智慧化会计

真正意义上的 AI 是一个能够正确地解释外部数据，从这些数据中学习，并通过学习到的成果来实现特定目标的系统。随着时间的推移，对算法进行训练的数据越来越多，AI 会不断获得人类智慧，做出的决策也会越发聪明、有效。“智能 + 会计”的远期发展目标是要让 AI 全面逼近人类智慧，甚至在某些特定领域超越人类智慧，让 AI 走向自主智能。在自主智能的作用下，“智能 + 会计”逐步走向具有自主感知、学习、决策、执行、控制和适应能力的智慧会计系统。智慧会计系统创造性地运用 AI 新思维、新理念、新技术和新方法来重构会计流程、技术和方法，推动会计职能不断拓展。智能化会计的发展侧重用机器智能模拟人类智能，主要是为了实现自动化；智慧化会计侧重发挥机器自身的优势，突破传统会计思维的局限，主要目的是创新与创造。

二、“互联网 + 会计”模式创新

会计电算化的出现使会计信息处理有了质的飞跃，互联网技术推动了会计信息系统从桌面走向网络，单机工作系统的不足日趋明显。为了适应环境，“互联网 +”时代会计信息系统应运而生，弥补了会计电算化的不足，使会计工作从理论观念到工作方式、手段等方面都有了重大的发展，成了会计发展的新领域。“互联网 +”时代会计信息系统是基于网络计算技术，以实现联网环境下财务管理模式、财会工作方式及其各项功能，从而实现管理信息化的系统。

“互联网 +”是把互联网的创新成果与经济社会各领域深度融合，推动技术进步、效率提升和组织变革，提升实体经济创新力和生产力，形成更广泛的以互联网为基础设施和创新要素的经济社会发展新形态。近年来，“互联网 +”逐步深入人心，已经改造及影响了各行各业。会计工作的许多方面也开始与互联网深入结合，网络代理记账、在线财务管理咨询、云会计与云审计服务等第三方会计审计服务模式初现端倪；以会计信息化应用为基础的财务一体化进程不断提速，财务共享服务中心模式逐渐成熟；联网管理、在线受理等基于互联网平台的管理模式成为会计管理新手段；在线联机考试、远程培训教育等已成为会计人才培养的重要方式。

另外，“互联网 +”也符合我国对创新的鼓励和需求，用互联网思维改革现有的产业模式，从而焕发出产业的生命力。“互联网 +”能够在短时间内获得如此巨大的发展主要归功于它自身独特的优势。首先，互联网是一个实时的系统，一方记录数据，另一方可以迅速地在网上搜索到并且进行交流与沟通。这就满足了现代社会对信息传递的需要。其次，互联网是公平的，每个人都有权利在网络上发布和获取信息，这增加了互联网信息的全面性和交互性。社会也对人们判断信息的准确性提出了要求。最后，互联网使人们获取信息变得很方便，没有了时间与空间的限制，随时随地可以获得自己所需要的信息，满足了人们和社会发展的需要。“互联网 + 会计”是以互联网技术为依托，实现会计信息的高速传递与整合，以提供及时、准确、全面的会计信息。具体而言，互联网形态下市场经济竞争加剧，首先，会计信息使用者对会计信息提供速度的要求更加及时；其次，会计信息使用者对信息质量的要求更加精确；最后，会计信息使用者对信息范围的要求更加全面。“互联网 + 会计”就是运用了大数据、云计算等技术改进传统会计工作方式，通过对信息的整合、分类使会计人员的工作更加便捷。“互联网 +”为会计的发展提供了新的技术支撑。有了云计算、大数据的支持，会计核算更加高效、便捷，并且使信息的处理更加规范、集中。“互联网 +”可以帮助会计人员进行预算管理、风险控制和绩效管理等，帮助财务会计向管理会计转型，实现管理的准确化和高效化。

所以，要为促进“互联网 + 会计”时代的深度融合营造有利的政策环境，既要完善会计标准体系及配套机制，又要加快修订有关会计方面法律法规的速度，为会计与互联网深度融合提供有力保障；既要稳步推进互联网技术在会计考试、继续教育、会计人员管理等领域的有效应用，又要利用信息技术规范管理，提高效能，推动会计管理与会计监督工作再上新台阶。在企业层面，要为适应“互联网 + 会计”时代的新要求做好调整与准备，既要充分认识“互联网 + 会计”时代的商业模式、思维模式及数据处理模式的大变革，在管理思维、经营理念、组织架构等方面做出调整与准备，又要充分发挥互联网在信息交换、数据汇总、集成管控等方面的优势，在会计岗位设置、会计职能定位等方面做出调整与准备，使管理会计的职能得到充分发挥，让企业财务部门更有效地参与分析决策，进行内部控制。在会计师事务所层面，要为抓住“互联网 + 会计”时代的新机遇而加快信息化建设步伐。要充分运用移动互联网、云计算、大数据等信息技术，既应用于协同办公管理系统建设、行业信息管理系统升级和行业信息化咨询服务，也要完善会计师事务所的审计软件应用，推动借助互联网的“智能审计”业务加快发展，切实提升会计行业服务国家战略的水平。在会计人员方面，要为应对“互联网 + 会计”时代的新挑战而奋发学习。广大会计人员一方面要适应互联网所带来的信息技术新挑战，学习、掌握互联网应用技术，在财务管理工作中应用大数据、云计算等，借助信息新工具，更高效地履行分析、决策、辅助管理等新职能；另一方面，要适应互联网所带来的业务延伸新挑战，加强国际化能力的全方位锻造，为服务企业“走出去”，承接境外企业会计外包业务等做好准备。

三、财务共享服务创新

随着企业的发展、企业规模的不断壮大，管理层级越来越多，地区分布越来越广，伴随着与“互联网 +”的融合，财务工作面临的问题也不断增加。首先，随着企业规模的不断扩大，财务工作在数据的收集、整理上需要投入大量的人力、物力、财力，导致成本增加。其次，管理层级的增多导致财务工作效率降低，不利于财务工作与各部门的沟通，财务工作会集中精力处理数据的核算，而疏于对企业数据分析，忽略管理会计的作用，与各部门的沟通不畅又会造成对企业数据的分析不全面性。最后，随着地域的分布越来越广，各个子公司的财务部门对集团财务制度理解不一致，造成了财务工作在数据的获取和整理中出现分歧。

在“互联网 +”时代，企业需要解决这些问题，顺应互联网发展，运用新型的信息技术，开创新的模式，从根本上改变财务管理模式。

在“互联网 +”时代，企业不再受到时间、地域的限制，企业的价值不是由单一的价值链创造出来的，而是由网络形成的新的管理方式所创造的。在这种情况下，财务共享服务作为一种新型管理模式正在许多跨国公司和国内大型公司中兴起与推广。财务共享服务通过对管理的标准化、规范化，对运营业务的整合和流程的再造，达到了提高管理效率、压缩成本、提升服务水平的目的，同时解决了大型企业财务组织重复性建设和效率低下等问题，并成功减轻了财务人员的压力，也使财务会计向管理会计迈进。

随着国内企业对共享服务的不断深入，政策层面对企业实施财务共享服务支持的力度也在增强。[①] 中兴通讯前副总裁、财务总监韦在胜对财务共享服务的建立有一个很好的解释，他认为：财务共享服务是财务人员将数据收集、整理，使财务数据更加集中，而财务数据的集中是为了通过服务更好地诠释数据，将数据的分析传递给企业的各个部门，并将研究结果很好地运用到经营活动中去，使企业在数据的支撑下，更好地规划未来，使企业增值。这种方式对财务部门的工作有更高的要求，能够成为企业经营决策、业务导向的重要支撑，可以大力发展财务人员的管理职能，使财务部门更加贴合企业发展方针、更具创造能力。我国的部分企业集团从 2005 年之后，也开始尝试在财务领域实施共享服务。在 2005 年，中兴通讯率先提出“财务共享服务”理念，物美集团紧随其后。随着财务共享服务理念日益深入企业，在 2006 年，中国移动、华为、国泰君安等也陆续开始将财务共享服务模式应用到企业财务管理中；中国电信在 2008 年启动全集团财务省级共享服务中心的建设；四川长虹于 2009 年协助泸州老窖形成财务共享服务中心的建设方案；华为在 2011 年已在瑞典的斯德哥尔摩、美国的达拉斯及硅谷、印度的班加罗尔、俄罗斯的莫斯科设立财务共享中心，此后在四川成都建立全球财务共享服务中心，并逐渐纳入全球全流程财务业务；中英人寿为实现 10 × 10 × 10 的发展战略，建立财务共享服务系统；2012 年阳光保险集团启动建立全国财务共享服务中心，并在北京和成都分别设立财务共享服务中心。此外，在近 10 年的中国共享服务发展历程中，苏宁、海尔、宝钢、美的等众多公司均实现了财务共享管理模式。

① 财政部发布《企业会计信息化工作规范》并于 2014 年 1 月 6 日起执行，其中第三十四条明确提出“分公司、子公司数量多、分布广的大型企业、企业集团应当探索利用信息技术促进开机工作的集中，逐步建立财务共享服务中心”。

第四节 "互联网+"时代财务会计工作管理的创新

为了适应社会的发展与市场的需求，财务会计理论不得不进行更新，传统的财务会计理论已经无法适应社会的发展与市场的需求，为了能够让会计行业在市场上立足，跟上时代的步伐，对财务会计理论进行更新就成了必然。更新财务会计理论不仅能够让会计行业在市场上得到发展，还能让会计内部工作得到进一步发展，促进会计行业的不断发展创新，提高会计工作的效率。

一、会计管理工作内部体系的创新

（一）会计管理系统化

会计系统是一个由若干有着相互联系和作用的要素组成的有着特定功能的有机整体。其具有封闭性和开放性并存的特点。依照不同的特点、功能，会计系统可以划分为包括但不仅限于类似会计预测、会计决策、财务计划、会计控制、会计考核、会计分析等各个子系统。由于会计系统的运行受系统内外部各种因素的影响，因此，对整体系统和子系统的管理也显得极其必要。随着社会经济的不断发展，会计对象越来越复杂化，会计走向系统管理是必然的。

（二）改变旧有管理理念，建设网络信息系统

随着社会的不断进步，互联网的快速发展，许多领域都将网络应用到工作中。会计行业将互联网融入会计工作中，提高了会计工作的效率，保证了会计工作的信息安全。对会计内部体系的创新是会计工作发展的必然趋势，其有利于提高会计工作的效率，保证了企业会计信息系统安全高效地运行，也促进了会计行业不断发展壮大。

在信息化背景下，要想切实推进财务会计工作的创新管理，务必要从管理理念层面入手，为具体实践打下良好的基础。具体来说，首先，应当针对信息时代的概念树立正确的认识，引导现有的财务会计工作与互联网进行有机结合，进而推动财务会计工作朝着智能化、数字化、信息化方向发展。其次，应当积极创新现有的管理模式，运用信息时代强调的"价值链"概念，引导财务会计工作深化与企业日常各项管理工作的对接，进一步拓展财务会

计工作的覆盖范围，为企业的经营管理提供便捷优势。例如，可以运用互联网所提供的大数据，针对财会信息进行综合统计、分析与测算，为关于企业未来发展的各项决策提供良好的辅助作用；还可以借助网络提供的“云存储”功能，实现会计信息的共享，进一步借鉴优秀企业的经验与管理模式，实现企业现有财会管理的创新与升级。

（三）创新管理体系建设，完善相关法规制度

首先，应当针对现有管理体系进行改革创新，为财务会计工作的有效推进打下良好的基础。积极借鉴先进的财务会计管理体系，促进财会工作与企业管理体系的深入结合，借助整合力量进一步深化管理效果创新。例如，可以借鉴监察机构的联席会议机制，与财务会计管理有机结合，引导企业内部多个职能部门共同推进财务会计工作的研究与发展；还可以借助广域网提供的便捷优势，加强与政府、生意合作伙伴及消费者之间的密切联系，扩大财务会计管理的职权范围，进一步促进管理效率的有效提高。其次，应实现财务会计管理的法制化建设，完善相关法规制度，为具体执行提供强效保障。从领导层面入手，应当着重加强对国家相关法规政策的学习，利用法制化手段加强对财务会计工作的严格管理，确保具体执行有法可依、有制可循。同时，还应当以《中华人民共和国会计法》的相关规定为准绳，与企业的实际经营状况相结合，切实制定出配套合理的制度与措施，既能够保障财务会计工作人员认真履行核算职责，又可以就其行为进行合理监督。此外，通过法制化建设，能够使财务会计人员加强对其自身职能的全面认知，当发现工作人员未认真履职或出现工作失误时，可以依据相关规定对其进行批评、教育与处罚，进而使其充分吸收经验教训，提高具体工作的执行力度，从而确保其工作有法可依、违法必究。最后，应进一步解决财务会计工作的创新问题，优化财务管理体系，健全财务管理创新机制。其一，要立足于现有财务会计工作的实际状况，合理调配资金投入，加强财务管理信息化建设，开发专门的财务管理软件，将其与移动设备对接，为财务管理信息的输入、存储与管理提供便捷。通过网络信息系统的建立，解决了财务信息沟通不畅的问题，发挥了信息技术的优势，进一步推进了财务管理的信息化发展。其二，要针对现有的财务管理机制进行有机创新，开发软件的服务端口，确保财务管理人员能够真正借助网络的便捷优势进一步完善工作职能。

（四）搭建统一管理平台，强化信息安全保障

伴随当前信息网络时代的迅猛发展，网络经济的平台优势逐渐显现，这为财务会计管理的创新提供了借鉴意义。因此，应着手建设一体化管理平台，与此同时加强电子商务平台的建设，将其与财务管理平台进行有机对接，减少不必要的中间环节，既能够提高信息传递与工作效率，又能够有效节约运营成本，实现财务会计信息的实时获取与远程控制。同时，借助电子信息与网络技术，可以安排专人负责开发一款基于移动平台的 App 软件，专门用于财务会计“移动管理”工作，这样就可以随时随地开展财务会计管理，时效性会大大提高。此外，需要注意的是，信息时代互联网虽然具有显著的优势，但其背后暗含的信息安全问题同样不容忽视。在进行财务会计管理的过程中，一定要树立牢固的安全风险防范意识，确保相关重要信息的安全性。在具体开展工作时，应当要求工作人员使用正规、安全的软件，并且加装防火墙与杀毒软件的运用，在保障信息安全的同时确保软件顺利运行。

（五）加强企业内部控制，建立健全审计制度

要想实现财务会计的创新管理，除借助信息化手段进行创新外，还应当建立健全审计制度，以加强企业的内部监管控制。具体来说，监管控制应包含相关预算资金的支出、财会信息是否全面真实等，还应建立全面有效的责任制度，确保每项工作都由专人执行、专人问责，实现财务会计工作的标准化、制度化管理。同时，审计制度的建设有助于更好地针对重难点工作项目进行稽查核实，在一定程度上有助于规范财务会计工作人员与管理者的行为，为企业利益提供稳固保障，进一步规范企业的财务会计管理工作，使其步入制度化、体系化道路，实现良性发展。

二、创新会计管理工作，提高会计工作效率

（一）加强会计工作网络化发展

创新会计管理工作能够帮助会计工作进一步开展，进而提高会计工作的工作效率。会计工作需要掌握大量的数据与会计信息，对于会计工作的管理

难度也比较大，因为一旦数据出现错误就会致使会计工作量大大增加，为了填补数据错误带来的损失，会计工作人员不得不对数据进行再一次检查，所以创新会计管理工作是非常必要的。创新会计管理工作，将网络融入管理工作中，能够快速地对会计信息进行管理规划，大大提高会计工作的效率，进一步促进会计行业的发展壮大。

会计工作网络化发展的特点如下。

（1）会计信息的实时性。在计算机网络平台上，会计人员可以在任何时间任何地点运用网络对会计信息进行统计、总结和更新，时刻保证会计信息的实效性和动态性，这是对传统会计静态分析与核算的创新和发展。

（2）会计工作的集成性。会计网络化归根结底就是利用软件在线将财务的测评、会计核算、会计信息数据收集、收支结算等实行集中分析和评估，确保企业资金利用的高效性。另外，会计网络化是企业对电子商务进行远程监督和管理的必要条件，从而有效提高电子商务的工作效率。会计网络化还可以加强对资金的约束、管理和评估，从而大大减少企业的运行风险，保证企业平稳有序发展。

（3）实现了会计信息的共享性。会计网络化有利于企业各部门之间的联系和交流，依靠计算机网络这个巨大的交流平台，实现子公司与子公司之间、母子公司之间的沟通。子公司可以将其财务状况和公司的发展状况以最快捷的方式传递给母公司，母公司可以根据会计信息了解子公司的发展状况，为子公司的发展提供可行性建议，指导子公司的发展。

因此，对传统的会计制度进行变革，实行会计制度的网络化发展势在必行。

（二）建立健全财务会计信息系统

在互联网技术飞速发展的信息化时代，会计信息系统会替代传统会计成为现代企业信息系统中非常重要的一个组成部分。不过，这种替代的过程是一个逐渐发展的过程。通常，我们依照信息技术对会计信息系统影响的程度和其自身克服传统会计弊端的程度将其划分成手工会计信息系统、电算化会计信息系统、准现代会计信息系统和现代会计信息系统四个发展阶段。为了适应社会的发展，同时跟上时代的步伐，财务会计工作不得不进行转型与创新发展。

第一，加强会计信息系统标准化组织的建设，根据会计信息系统的发展情况及时制定出各种相关标准，为我国会计信息系统的发展提供一个准则。会计信息系统是一个非常复杂的系统，其相关标准必须是由各种标准共同构成的一个综合性的标准化体系。标准化的建设可以改善我国会计信息系统整体水平较低且发展不平衡的现象。

第二，会计工作对信息化数据的依赖性越来越强，而系统中的数据一旦出错、丢失或被窃取就会给财务工作带来不必要的麻烦和损失，因此，必须建立与会计信息化发展相适应的安全保障体系，从而提升会计信息系统的安全性和可靠性。

第三，加强我国会计人员的信息化培训，提高其对会计信息系统重要性的认识，使会计人员能够更规范、更高效地提供更安全的财务信息，以达到真实的会计信息能够真正地、及时地、有效地为企业管理所服务的目的。

第四，会计信息系统应当实现动态优化的功能，构建出多元化的、灵活性强的对外接口，使系统能够同其他信息子系统之间进行更为广泛的信息交换，以满足不同会计信息使用者的个性化需求。

（三）完善财务会计内部的控制体系

要建立完善的财务内部控制体系，必须先要建立内部控制机制，否则，财务内部控制也会因为缺乏相应的程序、组织与规范而流于形式。而内部控制的建设也需要财务内部控制的支持，财务内部控制作为内部控制的基础，如果连基础工作都不能完成并使之完善，那么内部控制也就无法顺利地展开，更不用提业务的规范以及财务业务一体化监督机制的建立了。因此，完善内部控制体系需建立风险管理机制，重视企业财务管理流程，规范内部会计工作。

1. 通过内部审计工作不断完善财务内控体系

内部审计工作不仅是加强企业财务内部控制的有效手段，还是内部控制体系建设不可缺少及不断改进的重要一环。对财务内部控制的审计监督可以分为日常监督和专项监督，日常监督是对企业建立与实施财务内部控制的情况进行常规、持续的监督检查，专项监督则是对财务内部控制的货币资金、应收和预付款项、存货、固定资产、无形资产、在建工程、成本费用、采购等某一方面或者某些方面进行有针对性的监督检查。做好内部审计工作主要包括：一是企业要重视内部审计工作，内部审计不是表面文章，而是提高企业财务管理能力的重要方式，本着发现问题、解决问题的方式，内部审计可以为公司创造更多的价值；二是内部审计不仅有事后的审计，还包括事前、事中的全过程审计，内部审计可以通过事前的风险分析进行预防控制，事中的业务情况了解进行检查控制，事后的业务发生监督进行财务控制，从而不断完善财务内部控制，进而推动内部控制的体系建设；三是要提高内部审计人员的综合素质水平，内部审计不仅需要熟悉财务工作，也要熟悉业务工作，不断提高内部审计人员对财务内部控制以及内部控制体系建设中出现问题的解决能力。

2. 建立风险管理机制

财务内部控制应该建立风险管理机制，采用定性与定量相结合的方法，按照风险发生的可能性及其影响程度等，对识别的风险进行分析和排序，确定关注重点和优先控制的风险。同时应当充分吸收专业人员，组成风险分析团队，按照严格规范的程序开展工作，确保风险分析结果的准确性。企业应该参照《中央企业财务内部控制评价工作指引》制定“企业财务内部控制评价工作指引”。

3. 重视企业财务管理流程，规范内部会计工作

财务内部控制应该根据《中华人民共和国会计法》等相关的法律法规对货币资金、实物资产、对外投资、工程项目、采购与付款、筹资、销售与收款、成本费用等建立相应的会计控制制度；同时，通过不相容职务相互分离控制、授权批准控制、会计系统控制、预算控制、财产保全控制、风险控制、内部报告控制、电子信息技术控制等控制方法建立合理的会计工作流程。规范的会计工作流程与合理的财务管理流程不仅是财务内部控制体系建设的根本，还是内部控制体系建设的基础。

4. 建立并健全内部控制体系

企业应该按照《企业内部控制基本规范》及应用指引建立内部控制体系的组织工作，通过建立规范的程序，不断完善企业的内部控制管理机制。

完善财务会计内部的控制体系还可以便利管理会计工作人员，如果工作上出现问题与纰漏，可以快速地找到当天值班的工作人员，保证财务会计工作的工作质量与工作效率。财务会计内部的控制系统最有效的是对信息的保密，完善财务会计内部的控制体系能够保证财务数据的安全传达，保证信息数据的安全，防止信息的泄露。

(四)更新财务会计理论

为了适应社会的发展与市场的需求，财务会计理论不得不进行更新。传统的财务会计理论已经无法适应社会的发展与市场的需求，为了能够让会计行业在市场上立足，跟上时代的步伐，对财务会计理论进行更新就成了必然趋势。更新财务会计理论不仅能够让会计行业在市场上得到发展，还能让会计工作内部得到进一步发展，促进会计行业的不断发展创新，提高会计工作的效率。

(五)财务会计人员现有工作理念的创新

"互联网+"背景下对财务会计创新提出了更高的要求。为了提升自身的工作效率，也为了配合企业的发展，财务会计人员需及时转变自身的工作理念，以实际需要为基础，对工作中的相关数据及时进行更新。同时，企业应加大资金投入，为财务会计的顺利发展打下坚实的基础。除此之外，企业也应对权力分配情况给予重视，确保分配合理化、科学化，加强企业相关部门的密切配合，共同推进企业稳步发展。

随着互联网的高速发展，财务人员也要保持不断学习的习惯，及时更新知识。从企业角度来看，企业应当着眼于长远发展并结合自身实际，引进更为合适的人才，在企业中构建高水平专业人才团队，增强综合能力，以实现企业的长足稳定发展。

三、创新业务工作渠道，全面提升会计业务能力，完善管理服务职能

(一)强化人才队伍建设，全面提升业务能力

一方面，基于岗位职责与工作性质角度考量，财务会计管理工作对人员的专业性、技术性有着明确要求，并依据相关法规政策对其工作行为做出了明确规范，因此应当着重加强专业人才的培养与人才队伍的建设，确保财务会计信息的高质高效管理。在工作队伍建设的过程中，相关领导应加强对财务会计管理的深入认识，着重加强业务考核与技能培训，进一步提高工作人员的业务能力，强化职业精神，进而培养爱岗敬业、能力高超、具有职业精神的新时代财务会计管理人员，提高财务会计管理水平。另一方面，基于信

息时代的要求与创新角度，应着重加强工作人员的信息化水平，确保相关信息管理体系的建设能够与工作人员的生产实践紧密结合、有机交融。企业应定期开展财务会计管理的信息技术培训，使工作人员具备信息系统的操作能力，能够解决常见的技术性问题，借助信息化体系提升创新意识，借助信息化技术加强对运行机制的熟练操作，创新系统运作方向，从而实现对财务会计信息系统的充分合理利用。

（二）创新业务工作渠道，完善管理服务职能

一方面，在信息科技迅猛发展的态势下，对现有的企业融资问题已有多种解决渠道，借助电子商务与银行的有机协作，为企业提供了网上融资这种全新的方式，强化了企业网络信用的重要性。因此，财务会计管理人员应当积极利用这种便捷的融资方式，扩大与其他企业间的互动交流，拓展金融市场视野，从而更加全面地掌握市场上的融资供需关系，为企业的融资提供便捷与有效保障。另一方面，伴随电子商务的崛起，电子支付成为一种新型财务支付方式，有助于为企业节约一定的人工成本，提高财务支付效率。因此，企业应当加强对财务支付方式的了解与应用，加强网络安全防护，进一步提升电子支付的安全性。

参考文献

[1] 刘春姣 . 互联网时代的企业财务会计实践发展研究 [M]. 成都：电子科技大学出版社，2019.

[2] 王婷 . “互联网 +”时代企业财务会计与管理新动向研究 [M]. 北京：中国商务出版社，2019.

[3] 李华，安娜，孙博 . 财务会计 [M]. 大连：东北财经大学出版社，2018.

[4] 吴育湘，杜敏 . 财务会计 [M]. 镇江：江苏大学出版社，2018.

[5] 天津财经大学会计与财务类专业建设组 . 会计与财务类专业建设的理论与实践 [M]. 天津：南开大学出版社，2017.

[6] 陈朝玉 . 论“互联网 +”环境下企业财务会计管理模式的创新 [J]. 商讯，2020（33）：34–35.

[7] 蔡娇蓉 . “互联网 +”对财务会计的影响及对策分析 [J]. 中国乡镇企业会计，2020（11）：202–203.

[8] 郭捷，魏梦真 . 浅谈现行财务会计模式及未来发展方向研究 [J]. 商讯，2020（32）：44–45.

[9] 陈晶晶 . “互联网 +”背景下财务管理的发展策略 [J]. 山西农经，2020（21）：116–117.

[10] 高长源 . 论“互联网 +”环境下企业财务会计管理模式创新 [J]. 审计与理财，2020（11）：42–43.

[11] 付丹丹 . 互联网时代财务会计工作问题与对策建议 [J]. 行政事业资产与财务，2020（20）：93–94.

[12] 曹书铭，徐鑫．电子商务对传统财务会计的影响研究 [J]. 电子商务，2020（10）：61，85.

[13] 杨惜月．大数据背景下会计面临的挑战及其应对策略 [J]. 科技经济导刊，2020（28）：192，191.

[14] 吴怀平．“互联网 +”时代财务会计发展对策研究 [J]. 蚌埠学院学报，2020（4）：49–51，62.

[15] 李薇．互联网背景下的财务会计管理分析 [J]. 科技经济导刊，2020（23）：231.

[16] 宋书玲．“互联网 +”背景下财务会计发展策略分析 [J]. 财富生活，2020（16）：137–138.

[17] 王彦杉．移动互联网时代财务与会计的变革与创新研究 [J]. 老字号品牌营销，2020（7）：47–48.

[18] 周傲．互联网金融背景下我国商业银行盈利模式转型研究 [D]. 长春：长春理工大学，2020.

[19] 郝颖．“互联网 +”背景下对财务会计的影响和发展研究 [J]. 现代营销（信息版），2020（6）：20–21.

[20] 何洁莹．互联网时代财务会计变革策略探析 [J]. 中国农业会计，2020（6）：78–80.

[21] 白铁群，朱杰．“互联网 +”背景下财务会计发展策略研究 [J]. 经济研究导刊，2020（16）：109–110.

[22] 余海萍．互联网金融背景下商业银行零售业务转型发展研究 [D]. 天津：天津商业大学，2020.

[23] 李飞翔．互联网金融业务对商业银行经营绩效的影响研究 [D]. 蚌埠：安徽财经大学，2020.

[24] 李佳颐．互联网金融对商业银行经营效率的影响研究 [D]. 济南：山东大学，2020.

[25] 安迪．互联网金融对我国商业银行盈利能力的影响 [D]. 济南：山东大学，2020.

[26] 马婉莹，赵晖．“互联网 +”环境下财务会计转型存在问题及对策研究 [J]. 财经界，2020（15）：104–105.

[27] 马赫遥 ."互联网 +"背景下财务会计发展策略研究 [J]. 科技经济市场，2020（5）：32–33.
[28] 宋宛霖 . 新网银行互联网运营模式案例研究 [D]. 重庆：西南大学，2020.
[29] 石娟 ."互联网 +"视域下的会计发展研究 [J]. 中国市场，2020（10）：138–139.
[30] 马媛 . 现代财务会计核算体系分析 [J]. 经济师，2020（4）：107，109.
[31] 郑华蓉 ."互联网 +"背景下财务会计的特点及发展策略 [J]. 企业改革与管理，2020（6）：78–79.
[32] 龙婧 . 互联网经济发展时代下的财务会计 [J]. 营销界，2020（12）：135–136.
[33] 范丽燕 . 浅谈"互联网 +"对会计行业的冲击与挑战 [J]. 商讯，2020（8）：31–32.
[34] 李家豪 . 互联网背景下财务会计管理分析 [J]. 中国管理信息化，2020（5）：60–61.
[35] 唐倩 ."互联网 +"背景下财务会计发展策略探讨 [J]. 现代营销（下旬刊），2020（2）：201–202.
[36] 周瑞颖 ."互联网 +"背景下 R 会计服务公司会计人员工作压力现状与对策研究 [D]. 天津：天津商业大学，2020.
[37] 孙立亚 .L 电子商务企业收入核算问题及对策研究 [D]. 天津：天津财经大学，2019.
[38] 朱晓琳 ."互联网 +"背景下制造业上市公司内部控制质量研究 [D]. 西安：西安邮电大学，2018.
[39] 焦萌 ."互联网 +"对现代会计发展的影响研究 [D]. 北京：首都经济贸易大学，2016.
[40] 张佳懿 .XBRL 财务报告对财务分析的影响研究 [D]. 北京：北京邮电大学，2016.
[41] 李辉 .XBRL 会计信息披露研究 [D]. 西安：西北大学，2013.
[42] 徐萌萌 .XBRL 财务报告对会计信息质量的影响研究 [D]. 西安：陕西科技大学，2013.
[43] 张科 . 基于 XBRL 的持续审计模型研究 [D]. 济南：山东财经大学，2013.
[44] 张雪 . 基于 XBRL 的创业板信息披露模式研究 [D]. 兰州：兰州商学院，2012.

[45] 王二娟 . 电子商务发展对传统会计的影响 [D]. 蚌埠：安徽财经大学，2013.
[46] 付冉冉 . 我国 XBRL 网络财务报告应用研究 [D]. 济南：山东财经大学，2012.
[47] 鞠桂玲 . 电子商务环境下会计系统的设计与实现 [D]. 成都：电子科技大学，2012.
[48] 王栋 . 互联网企业会计确认与计量研究 [D]. 上海：上海交通大学，2011.
[49] 吕志明 . XBRL 财务报告研究 [D]. 天津：天津财经大学，2011.
[50] 周述梅 . 论网络会计的影响和应用 [D]. 成都：西南财经大学，2009.
[51] 陈斯 . 电子商务环境下会计问题的研究 [D]. 北京：北京邮电大学，2008.
[52] 陶光红 . 电子商务环境下会计实务研究 [D]. 哈尔滨：哈尔滨工程大学，2006.
[53] 杨美莲 . 电子商务环境下的会计信息研究 [D]. 西安：长安大学，2011.